Decepcionar es un placer

Laurent de Sutter

Decepcionar es un placer
(Proposiciones, 3)

Traducción de
Maria Pons Irazazábal

Herder

Título original: Décevoir est un plaisir (Propositions, 3)
Traducción: Maria Pons Irazazábal
Diseño de portada: Gabriel Nunes

© *2024, Presses Universitaires de France / Humensis, París*
© *2026, Herder Editorial, S.L., Barcelona*

ISBN: 978-84-254-5206-2

Imprenta: Liberdúplex
Depósito legal: B-975-2026
Printed in Spain – Impreso en España

Herder

www.herdereditorial.com

Índice

Estoy muy decepcionado.
Comentario de un comprador
de uno de mis libros sobre A*****

§ 1

Una breve frase de Gilles Deleuze

«Decepcionar es un placer».[1] La frase había sonado, contundente y ligeramente desdeñosa, como para poner fin a una discusión que ya había durado demasiado. Gilles Deleuze estaba harto. Había pasado demasiado tiempo tratando de responder a las alegaciones maliciosas, a las insinuaciones insidiosas y a los cumplidos de doble sentido que un joven filósofo llamado Michel Cressole le había dirigido en un librito que acababa de dedicarle.[2] El hecho de que fuera el primero no era excusa; al pedirle a Deleuze que escribiera el posfacio de lo que no era más que un revoltijo de chismes y psitacismos teóricos revestidos de una fraseología pretendidamente anarquista, Cressole incluso había añadido el insulto a la injuria. Sin embargo, Deleuze había

1. Gilles Deleuze, «Carta a un crítico severo», en *Cuaderno Gris* 11 (1994), pp. 24-30.
2. Michel Cressole, *Deleuze,* París, Éditions Universitaires, 1973.

aceptado muchas cosas: críticas, discusiones, obje-
ciones, e incluso, como reconocía sin ambages, la
aceptación franca y directa del fracaso de la empresa que acababa de llevar a cabo con su amigo
Félix Guattari.[3] La publicación de *El Anti-Edipo,*
su polémico antipsicoanálisis, había sido sin duda
un éxito de ventas inesperado tratándose de una
obra de esta envergadura y de esta dificultad, pero
Deleuze lo admitía: «ciertamente, no podemos decir que *El Anti-Edipo* esté libre de toda forma de
conocimiento: sigue siendo bastante académico,
bastante sabio, y no es la filosofía pop o el análisis
pop soñados».[4] Escuchar en qué era perfectible el
libro que Guattari y él habían firmado o bien, simplemente, lo que le había *hecho* a Cressole, era una
de las cosas que Deleuze, si bien no esperaba con
un entusiasmo delirante, podía soportar. En cambio, que le reprocharan de antemano que se había
convertido en una caricatura de sí mismo, que le
dijeran que la continuación anunciada de *El Anti-
Edipo* solo podía ser un plagio ridículo de lo que
ya había escrito, eso lo cabreaba. Y que, además, en
un gesto de petición de amor tan estúpido como

3. Gilles Deleuze y Félix Guattari, *L'Anti-Œdipe. Capitalisme
et schizophrénie,* t. I, París, Minuit, 1972 [vers. cast.: *El Anti Edipo:
Capitalismo y esquizofrenia,* Barcelona, Paidós, 1985].

4. *Ibid.*, p. 16. Sobre el éxito de *L'Anti-Œdipe,* véase François
Dosse; Gilles Deleuze; Félix Guattari, *Biographie croisée,* París,
La Découverte, 2007, pp. 248 ss.

infantil, Cressole exigiera la bendición de aquel a quien había cubierto de escupitajos histéricos y de retorcimientos con sueños de dominio era la gota que colmaba el vaso.

Haremos la continuación porque nos gusta trabajar juntos —respondió Deleuze sin alterarse—. Pero no será en absoluto una continuación. Con la ayuda de fuera, será algo tan diferente en cuanto al lenguaje y al pensamiento que la gente que nos *está esperando* se verá obligada a decir: se han vuelto completamente locos, o bien son unos cabrones, o bien han sido incapaces de continuar.

Antes de concluir, secamente: «Decepcionar es un placer».

§ 2

Hay provocaciones y provocaciones

Sin embargo, que decepcionar sea un placer no es
algo obvio. A los ojos de la mayoría de la gente, se
trata incluso de la suerte menos deseable, la marca
terrible, casi infame, de un fracaso que hasta podría poner en entredicho a la persona como tal.
Pretender que la decepción pueda constituir un
placer implicaría que fuera imaginable obtener alguna forma de alegría del propio hundimiento o,
al menos, de la constatación, afirmada por los demás, de que este se ha producido en alguna parte.
Decepcionar, para la gran mayoría de los seres humanos, *no* es un placer, sino una vergüenza; es lo
que todo esfuerzo realizado por un individuo en
su vida trata de evitar —como si el esfuerzo solo
tuviera sentido por la amenaza de la decepción—. Si
Deleuze se había tomado la libertad de afirmar que
decepcionar podía ser un placer, y que incluso lo
era de una forma total, eso significaba que el hecho

de hacer esta afirmación encubría una intención estratégica que tanto podía ir dirigida a su interlocutor como a cualquier otro lector. Esta intención estratégica era, ante todo, la de la *provocación,* en el sentido que los jurisconsultos romanos daban a esta palabra: el de un procedimiento destinado a llevar un caso judicial ante el pueblo para que este pudiera juzgarlo colectivamente. La provocación no es más que una forma de oposición; es un *llamamiento,* una pro-vocación, es convertir en palabra, en lenguaje, algo que requiere un examen que solo es posible si alguien se ofrece voluntario para romper el silencio sobre ello.[1] Al soltarle a la cara a Cressole que «decepcionar es un placer», Deleuze pretendía escenificar algo así como el juicio a una forma de pensar que consideraba indigna o perezosa, la que se basaba en las *expectativas.* Escandalizar al burgués, como les gusta hacer a los amantes de los aforismos (que siempre que pueden citan las palabras de Oscar Wilde o de Emil Cioran a propósito de la decepción), no era una de las preocupaciones de Deleuze, sino todo lo contrario. Para los dandis de salón, el aforismo elegante es ante todo

1. Sobre esta institución, véase André Magdelain, «Provocatio ad populum», *Jus Imperium Auctoritas. Études de droit romain,* 2ª ed., Roma, École Française de Rome, 2015, pp. 567 ss. Véase también Michel Humbert, «Le tribunal de la plèbe et le tribunal du peuple. Remarques sur l'histoire de la *provocatio ad populum», Mélanges de l'École Française de Rome. Antiquité* 1/100 (1988), pp. 431 ss.

un instrumento narcisista que pretende demostrar su superior lucidez; ahora bien, era precisamente a esta pretensión de lucidez, que Cressole también intentaba manifestar, a lo que apuntaba Deleuze. Ya que no hay nada que suscite más expectativas que el establecimiento de la lucidez como valor supremo del pensamiento, y eran esas expectativas las que Deleuze pretendía defraudar por encima de todo.

§ 3

El que sabe qué esperar

Con sus pérfidas alusiones y sus comentarios ma-
lintencionados, Cressole quería mostrar hasta qué
punto veía claramente las intenciones de Deleuze,
es decir, con qué destreza había conseguido des-
velar los secretos ocultos que expresaban la verdad
de su obra. Sin embargo, como el interesado había comprendido perfectamente, aunque la cuestión
concernía a la verdad, solo lo hacía en la medida
en que agitar su bandera siempre equivale, *nolens
volens,* a poner en marcha una operación policial
sobre lo que se dice o se piensa. Lo que pretendía
Cressole era *adquirir poder* sobre Deleuze, y adqui-
rirlo recurriendo a un lenguaje basado en la lógica
del «vas a ver», «sabemos lo que pasará», «no nos
vas a hacer la misma jugada dos veces», etcétera. La
lucidez como valor supremo de quien no se deja
engañar no es el principal instrumento teórico del
individuo pensante, sino más bien el del policía,

del buscamierda que espera descubrir en el váter de una persona algo con que acusarla de cualquier delito.[1] Este valor es el que guiaba a Cressole; también a partir de él había creado sus propias expectativas que, por supuesto, conducían todas a profecías de caída, de fracaso, de derrota. Puesto que veía las cosas con más claridad que los demás, Cressole podía escribir que esperaba que Deleuze y Guattari hicieran el ridículo en el caso de que publicaran la continuación de su obra, por la simple y buena razón de que *no habían dejado de hacerlo*. Porque así es como funciona la expectativa: al proyectar hacia el futuro alguna cosa como un posible destino, en realidad lo que esta sugiere es la invalidación del pasado, en un movimiento que es básicamente un búmeran resentido. La persona lúcida es *la que sabe qué esperar;* es aquella cuyas luces nunca iluminan más de lo que han de iluminar para confirmar que son luces —es decir, las tinieblas, las zonas sombrías, los territorios oscuros—. Como el lúcido no se deja engañar por la virtud, la grandeza o el éxito pasados, sabe que estos, al estar construidos sobre el viento (un viento que él se encarga de hacer visible a los ojos de todos), están destinados a hundirse por su acción, como el castillo de naipes que en verdad son. Esta lucidez era la que Cressole quería demos-

1. Sobre esta figura del «fouille-merde», me permito remitir a Laurent de Sutter, Johnsons & Shits, *Notes sur la pensée politique de William S. Burroughs*, París, Léo Scheer, 2020.

trar en sus ataques a Deleuze; era, por lo tanto, también a sus expectativas a las que este último había dirigido su provocación cuando llegó el momento de responder, es decir, de defraudarlas.

§ 4

Séneca & Cía

De haber sentido el impulso, Deleuze habría podido invocar toda una sección de la historia de la filosofía en apoyo de su voluntad de decepcionar –una sección por la que sentía cierta simpatía, ya que incluía, entre otras, a algunas de las figuras más relevantes del estoicismo–. El tema de la lucha contra las expectativas constituye, en efecto, una parte esencial del sistema de perfeccionamiento del pensamiento que Séneca, por ejemplo, había aspirado a desarrollar, a fin de lograr una forma de liberación del dominio de la contingencia. En la visión de Séneca del hombre realizado, el rechazo a ceder a las expectativas, la voluntad de despojarse de ellas para recuperar un contacto pleno con lo que viene, constituía casi una regla moral o, al menos, un principio práctico.[1] *Debemos entrenarnos*

---

1. Cf., por ejemplo, Séneca, *De la brièveté de la vie* (XVI, 5), en Pierre-Maxime Schuhl (ed.), *Les Stoïciens,* París, Gallimard, 1962,

para resistir a las expectativas, ya que son las expectativas las que, tanto si se cumplen como si no, conducen con toda seguridad al individuo hacia su infelicidad, puesto que, como decía Epicteto, su cumplimiento efectivo no depende de nosotros.[2] Lo único que depende de nosotros es no aceptar que podemos esperarlo todo, educarnos para la *no espera,* resistir al reflejo ingenuo de creer que podemos obtener una ganancia de algo que todavía no se ha producido. Solo debería preocuparnos lo que existe en el momento en que existe; es más, para que un objeto pueda incluirse en el círculo restringido de lo que puede plantearnos un problema, es necesario que introduzca en nuestras vidas una diferencia no desdeñable. El arte estoico de la gestión de la vida era un arte que se desplegaba en torno a dos ejes: el de la imposición de la voluntad a la voluntad misma y el de su orientación hacia lo que es de suma importancia. En ese despliegue no tienen cabida las expectativas, precisamente porque pueden conducir a la decepción, o bien porque, si se cumplen, nos privan ya de todo deseo, o bien porque, si no se cumplen, su incumplimiento nos provoca frustración. Llegar a ser un hombre realizado, por tanto, equivalía a evitar la decepción, vinculada siempre a que suceda lo que todavía no ha sucedido

pp. 714 ss. [vers. cast.: *La brevedad de la vida,* trad. de José Patricio Domínguez Valdés, Barcelona, Herder, 2024].

2. Cf. la famosa distinción de Epicteto, *Manuel* (I), en *Les Stoïciens, op. cit.*, p. 1111.

(y que tal vez nunca sucederá), mediante la supresión total de la tendencia a la expectativa. No tener expectativas y, por tanto, no *esperar* nada, era para los estoicos el objetivo que todo individuo digno de este nombre debería alcanzar, y para ello había que esforzarse al máximo en vez de contentarse precisamente con esperar.

§ 5

Pragmatismo de la ascesis

Deleuze nunca había ocultado su gusto por el ascetismo, incluso en el ámbito donde aparentemente
más ausente estaba: por ejemplo, en el de la bebida,
o en el más radical aún de las prácticas sexuales
masoquistas.[1] Beber de forma continuada o con-
tratar a una amante cruel podían pasar, a sus ojos,
por prácticas ascéticas, siempre que, en vez de provocar expectativas, permitieran asumir lo que hay.
El nombre que Deleuze daba a esta asunción es

1. Sobre la ascesis alcohólica, véase Gilles Deleuze y Félix
Guattari, *Mille plateaux. Capitalisme et schizophrénie*, t. II, París,
Minuit, 1980, pp. 341 ss [vers. cast.: *Mil mesetas. Capitalismo y es-
quizofrenia*, trad. de José Vázquez Pérez, Valencia, Pre-textos, 2020].
Sobre la ascesis masoquista, véase Gilles Deleuze, *Présentation de
Sacher-Masoch. Le froid et le cruel*, París, Minuit, 1967, pp. 79 ss [vers.
cast.: *Presentación de Sacher-Masoch. Lo frío y lo cruel*, trad. de Irene
Agoff, Buenos Aires, Amorrortu, 1967]. Para un comentario, me
permito remitir a Laurent de Sutter, *Deleuze. La práctica del derecho*,
Argentona, Jusbaires, 2015.

bien conocido: lo llamaba *pragmatismo,* una palabra que en su boca significaba que la atención por lo que es solo tendría interés en la medida en que pudiera producir una diferencia que de otro modo no existiría.[2] Al igual que los estoicos, Deleuze, como filósofo pragmatista, estaba atento al *hacer* que toda diferencia implica, y a la manera en que este hacer, en vez de inscribirse en un hilo temporal que lo cedería enteramente al pasado o al futuro, anima lo que es en el momento en que es. El ascetismo, en otras palabras, era para Deleuze la otra cara del arte de las consecuencias, en cuyo interior cada práctica (incluso la más extrema, como la del borracho o la del masoquista) pretende desplegarse como práctica. En este aspecto coincidía totalmente con el estoicismo: lo que desborda el momento del hacer es lo que ese hacer hace posible, siempre que lo posible en cuestión sea activado más que soñado, trabajado más que esperado, construido más que implorado. «Lo que depende de nosotros» se limita al conjunto de las consecuencias que podemos sacar, es decir, fabricar, a partir de lo que nos es dado, puesto que lo que nos es dado es simplemente esta posibilidad de fabricar consecuencias. Soñar con un futuro feliz, ganar a la lotería, conocer a

2. Cf. Arnaud Bouaniche, *Gilles Deleuze, une introduction,* París, Pocket, 2007, pp. 294 ss. Para un comentario, véase Laurent de Sutter, *¿Qué es la pop-filosofía?,* trad. de Sebastián Puente, Buenos Aires, Cactus, 2020.

la persona ideal, conseguir el trabajo que uno cree merecer: todo esto son solo expectativas destinadas a ser defraudadas, porque son expectativas sin consecuencias —nulas, vacías, vanas, no cumplidas—. Si Deleuze se sentía próximo al estoicismo, era en la medida en que las expectativas no tenían cabida alguna en su pensamiento; lo único que sí tenía cabida era la extensión infinitamente posible de lo que está ahí, delante de nosotros, en el momento en que está ahí. *Haced, no esperéis nunca:* esa podría ser la traducción, en forma de máxima, de la manera en que Deleuze pensaba la ascesis, no como una especie de gimnasia del yo, sino como el estilo de su desbordamiento en lo que, si importa, tiene consecuencias.

§ 6

De la proyección a la orientación

Toda expectativa es una *proyección,* en el doble sentido en que implica una mirada hacia lo que todavía no ha sucedido y de que a eso mismo que todavía no ha sucedido lo inviste de un conjunto de deseos que solo pertenecen al que orienta así su mirada. Lo que Deleuze pretendía era todo lo contrario: más que una proyección que señala el abandono de lo que es en nombre de un deseo que desearíamos ver satisfecho, proponía, a la manera de los estoicos, considerar la relación de los individuos con lo que todavía no ha sucedido como una relación de *orientación.* Mientras que la proyección está totalmente estructurada por su *terminus ad quem,* que postula incluso antes de ser lanzada, la orientación se despliega íntegramente en el espacio de su *terminus a quo,* que se limita a desplazar llevándoselo consigo. Toda orientación no es más que un punto de partida, mientras que una proyección presupone haber llegado ya incluso antes de que se haya dado el primer paso (si es que alguna vez se da, puesto que lo que se espera no depende del que espera). En la orientación solo se avanza paso a paso, etapa a etapa, explorando lo que era desconocido y que, al ser conocido, no hace más que ceder el sitio a otro desconocido; en la proyección solo se da un gran salto, que lo ajusta todo.[1] No obstante, este ajuste puede adoptar formas diversas en función de su objeto: ser humano, objetivo profesional, juego de azar, cargo político, etcétera, ya que cada una de ellas implica una forma diferente de ignorarla. En algunos casos se trata de limitarse a esperar que se produzca el acontecimiento; en otros, por el contrario, hay que dotar a un ser o a una cosa de cualidades que solo existen en la mente de quien realiza esta atribución. Para unos, la cuestión es saber si esto ocurrirá o no; para otros, es comprobar que las cualidades de que está investido el objetivo dan lugar a determinados comportamientos o acciones que sirven para confirmarlos de forma inequívoca. *Si me quieres, esto es lo que has de hacer:* siempre que las expectativas

---

1. Estos últimos años, Alain Badiou y Pacôme Thiellement han propuesto cada uno de ellos una versión personal y radical de un pensamiento de la orientación tanto política como ontológica. Véase, por ejemplo, Alain Badiou, *S'orienter dans la pensé, s'orienter dans l'éxistence. Le Séminaire, 2004-2007,* París, Fayard, 2022; Pacôme Thiellement, *La victoire des Sans-Roi. Révolution Gnostique,* París, Puf, 2017.

dotan a su objeto de cualidades postuladas, la proyección no es más que un puro y simple *prejuicio,* una sentencia ya dictada, pero de ejecución diferida en el caso de que las cosas vayan bien. En el reino de las expectativas todo puede ser clasificado en la categoría del condenado con pena en suspensión, una suspensión de la que ni siquiera es consciente el propio juez.

§ 7

Cuando habla el Extranjero de Atenas

Hay, por tanto, una brutalidad en las expectativas, una forma de toma de poder, de imposición, de dominio o de control absoluto, que no deja a su objeto ninguna posibilidad de desplegarse por sí mismo, sino que lo somete totalmente al deseo del que espera. Puesto que las expectativas juzgan por adelantado todo lo que es, y convierten ese juicio en el fundamento sobre el que construir la visión de su mejora (y hasta de su perfección), en realidad son un *forzamiento*, un forzamiento que puede llegar a abarcarlo todo. En las *Leyes*, Platón presentaba un ejemplo sorprendente cuando, al describir la manera en que los seres humanos pueden aprender a mejorar, ponía en boca del Extranjero de Atenas cierto número de directrices relativas a las esperanzas que cada persona debería albergar:

Esperar *(ελπιζειν)* que el dios con los bienes que concede, cuando sucedan las desgracias, las disminuirá en vez de acrecentarlas y mejorará las circunstancias presentes, y, en el caso de los bienes, que con buena suerte siempre les sucederá todo lo contrario. Cada uno debe vivir con estas esperanzas *(ελπισιν)* y los recuerdos de todas esas cosas, sin escatimar nada, sino siempre recordándoselo claramente a otro y a sí mismo en los juegos y en las actividades serias.[1]

Para Platón, tener expectativas no era solo una cuestión individual, sino también una forma de disciplina colectiva sin la que el lugar de cada uno en el orden de la ciudad no podía garantizarse, una disciplina enraizada en la religión. La esperanza, en vez de ser una simple ensoñación, debía ser la fuente de una especie de culto cívico que permitiera a cada ciudadano cumplir su tarea dentro de un horizonte que, a falta de un término mejor, habría que llamar sin duda «motivacional». No ocultaba, por lo demás, que ese horizonte implicaba, ante todo, sumergirse en el pasado (los recuerdos) y en el futuro (mejorar la situación presente), que solo es porque es susceptible de cambio. La esperanza constituía, a los ojos de Platón, el imperativo categórico de la vida social, lo que estructuraba todos los «esfuerzos» *(ψειδομενον)*, hasta en los

1. Platón, *Leyes* (V, 732c), en *Diálogos,* trad. de Francisco Lisi, Madrid, Gredos, 1995, p. 404.

más simples «entretenimientos» *(παιδιας)*, y que lo estructuraba tanto para «otro» *(ετερον)* como para «uno mismo» *(εαυτον)*. *Para que haya orden, tiene que haber expectativas,* pues solo las expectativas son capaces de obviar la imperfección de lo que es en favor de la perfección de lo que puede ser.

§ 8

Por qué la esperanza es un guardián

En la concepción de Platón de la vida social, a cada individuo se le reconocía un mérito en función de la manera en que cooperaba con los guardianes de la esperanza, sin los que el orden de la ciudad era impensable, activándola tanto en su propia vida como en la de los demás. Podía parecer una cuestión complicada, dado que el pensamiento griego no conocía la interioridad del mismo modo que la que apareció con el cristianismo: ¿cómo vigilar lo que hipotéticamente forma parte de los sentimientos de cada individuo?[1] Sin embargo, la respuesta era sencilla: como todo lo que forma parte de las emociones, la esperanza en Platón no se manifestaba tanto en forma de un movimiento de la conciencia como de su verbalización en el interior del espacio pú-

---

1. Sobre esta cuestión, véase Laurent de Sutter, *Pour en finir avec soi-même. Propositions, 1,* París, Puf, 2021.

blico de la ciudad. La esperanza se inscribe en el *logos* ciudadano, de la misma manera que, para el filósofo que define su programa, es una categoría que pertenece por derecho propio al registro del pensamiento más elevado (el que, precisamente, intenta definir las condiciones del orden). Por esta razón la operación en la que más insistía Platón era la del «recuerdo» *(υπομνήσεσι)*: a semejanza del filósofo, y al igual que el Extranjero de Atenas que Platón introducía en su diálogo, todos debían convertirse en heraldos de la esperanza. Esta obligación era tanto más importante en la medida en que su destinatario, la «divinidad» *(δαιμονων)*, parecía dar pruebas de un humor caprichoso, ya que distribuía el bien y el mal según una regla cuyo único criterio era la esperanza de los hombres. De modo que el buen ciudadano era aquel que, recordando a sus semejantes y a sí mismo hasta qué punto la esperanza debía gobernar sus vidas, dirigía a la divinidad algo así como una oración desviada o, al menos, el signo de su devoción cívica. Sin embargo, como esta oración tenía que ser continua, marcaba un punto crítico en la organización cívica de las expectativas: que el orden basado en el discurso de la esperanza era un orden cuya perfección siempre se aplazaba porque siempre se esperaba. Puesto que la esperanza informaba su dinámica, el orden mismo estaba a la espera, al menos hasta que el capricho de la divinidad decidiera (lo que por definición era imposible, porque las bondades de esta dependían del llamamiento continuo del apego a la esperanza). *La esperanza, en otras palabras, es lo que hace imposible el orden* y lo que, a falta de su perfección, sustituye el modo de gobierno preferido de aquellos para quienes las expectativas lo son todo, es decir, justamente los guardianes.

§ 9

Caridad, fe, esperanza

La esperanza es el guardián de la imperfección: esa era
la lección que se podía extraer del discurso del
Extranjero de Atenas, la esperanza es lo que sustituye al orden cuando este se proclama indigno
del principio de perfección que él mismo se ha
fijado. Sin embargo, Platón no formulaba esta lección, entre otras cosas porque nunca se le ocurrió
la idea de que vigilar lo que es pudiera constituir
un problema, ya que toda su obra estaba dirigida
a proponer reglas al pensamiento, a las palabras, a
los cuerpos y a los grupos. No ocurrió lo mismo
con los primeros cristianos, que meditaban sobre el
relato del sacrificio de Abraham (Dios le había pe-
dido que matara a su hijo, y le retuvo in extremis),
una doctrina que convirtió la esperanza en una de
las tres «virtudes teologales».[1] En su primera Epís-

1. Gn, 22,1-14.

tola a los Corintios, Pablo de Tarso había destacado efectivamente la importancia de la «fe» *(μηζων)*, la «caridad» *(αγαπη)* y la «esperanza» *(ηλπις)* en quienes aceptaran emprender el camino hacia la fe, y la participación en el mundo venidero.[2] Esta esperanza, precisaba, designa la manera en que el cristiano espera el advenimiento de la «perfección» *(τελειον)*, es decir, de la *meta,* de la *plenitud,* mientras permanece rodeado de una nube de imperfección, que limita su conocimiento de lo que es a una simple parte.[3] En el mundo tal como se presenta a los seres humanos, solo se puede conocer en parte, del mismo modo que solo se puede profetizar en parte, añadía Pablo; aunque en algún momento lo que es parte debe acabar presentándose como un todo. Para Pablo, ese momento era el de la esperanza, y los teólogos de los siglos posteriores acabaron situándola entre las virtudes teologales, es decir, las virtudes cuyo objeto directo es el propio Dios y no el mero comportamiento de los hombres.[4] Mientras que las virtudes cardinales sirven para describir la excelencia moral de los individuos, las virtudes teologales, dado que solo existen en relación con la revelación, son aquello con lo que el mismo Dios complementa nuestra imperfección. Esperar es, por

2. 1 Cor, 13,13.
3. 1 Cor, 13,10.
4. Cf. Alain-Marie de Lassus, *Les vertus théologales. Foi, espérance, charité,* Les Plans-sur-Bex, Parole et Silence, 2009.

tanto, aguardar la venida de Dios, en cuanto esta venida será la de la perfección de todo lo que es, la de la realización plena y completa del todo, del que hasta entonces solo eran pensables las partes. En otras palabras, la esperanza es la espera de la perfección de la que Dios nos ha dado la intuición, al tiempo que nos ha retirado el conocimiento para reservarlo al fin de los tiempos, es decir, también al fin del propio mundo.

§ 10

Destruir el mundo

Tanto Pablo como todos los que extrajeron lecciones de las afirmaciones de la Primera epístola a los
Corintios forzosamente habían de concluir que la
única esperanza es la destrucción del mundo, *en
la medida en que la operación de la destrucción es la operación de la perfección.* Puesto que no se despliega como
parte de un todo incognoscible hasta que Dios realiza su perfección, lo que es solo es importante como
indicio de su posibilidad, un indicio que solo se hace
visible a quienes cultivan las virtudes teologales.
Dado que la esperanza, así como la fe y la caridad,
procede del propio Dios, es uno de los instrumentos
mediante los que cada creyente puede aprender a
desplegar la hermenéutica de la espera, a practicar
la posibilidad de una perfección que siempre está
por venir. Algunos especialistas han deducido de ello
que la esperanza como virtud, más que una herencia griega, era un signo de la pervivencia del me-

sianismo hebreo en la religión cristiana, ya que la religión judía también era una religión de la espera. La mayoría de los teólogos distinguen la esperanza recibida de Dios de la simple espera, que sería su rostro laico, mundano, psicológico, una emoción humana, demasiado humana, nacida precisamente de la imperfección de nuestra aprehensión de la verdad de lo que es.[1] Aunque es legítimo distinguir entre lo que viene de Dios y lo que viene de los hombres, sin embargo, hay que señalar que Pablo utilizaba la misma palabra que Platón para describir la esperanza, «ελπις», una palabra que, además, formaba parte del vocabulario griego común. Cualquiera que sea su desarrollo posterior, la teoría teológica de la esperanza se inscribe, como la teoría política de la espera, en una lógica que marca la posibilidad de un paso a la perfección inconmensurable con el estado actual de las cosas. Del mismo modo que para Platón la esperanza marcaba el hecho de que el orden no podía desplegarse más que como fracaso del ser, para el cristiano la perfección era lo que solo podía intuirse como fracaso del conocer. Y en ambos casos ese movimiento bloqueado se atribuía a la intervención de una divinidad que alimentaba desde este bloqueo la vida moral de los individuos, a los que pretendía vigilar en el momento mismo en

1. Cf Charles-André Bernard, *Théologie et espérance selon saint Thomas d'Aquin,* París, Vrin, 1960.

que buscaba garantizar, a modo de recompensa, la posibilidad de su desbloqueo. Sin embargo, puesto que esta posibilidad no podía ser ni conocible ni, como decía Pablo, profetizable, parecía más una imposibilidad que otra cosa.

§ 11

Todo el mundo está obligado a lo imposible

En el breve tratado *Temor y temblor,* publicado en
1843, que Søren Kierkegaard había dedicado a
meditar sobre el sacrificio de Abraham, decidió
afrontar la imposibilidad que constituía el núcleo
de la transacción propuesta por la doctrina cristiana de la esperanza.[1] En vez de intentar refutarla
o de ver en ella el signo de una aporía, Kierkegaard decidió considerarla el punto paradójico de
la mayor grandeza de esa doctrina, la que señala la
inefable perfección de la fe. Esperar lo imposible,
decía Kierkegaard, es la definición misma de la relación cristiana con el mundo, del mismo modo
que la obediencia absurda de Abraham al capricho
de Dios atestigua su abandono a lo que sabía bien
que era un error. Dios no puede querer pedirle la

1. Søren Kierkegaard, *Temor y temblor,* trad. de Vicente Simón
Merchán, Madrid, Alianza, 2023.

43

muerte inútil de un muchacho; es *imposible,* pero de esta imposibilidad están constituidos el mundo que Dios creó, la acción que sigue realizando en él y la intención, incomprensible e incognoscible, que rige su movimiento. Ningún argumento, ninguna justificación, ninguna forma de legitimidad puede compensar, en el plano ético, semejante capricho; en cambio, en el plano de la fe, el hecho de que se trate de un capricho sin justificación es precisamente lo que exige que *crea* aquel que se enfrenta a él. El sacrificio de Abraham es el sacrificio de la fe pura, ya que no hay otra; cualquier fe que incluyera en su pliego de condiciones la necesidad de cuestionarse las razones para creer ya no sería una fe, sino un simple cálculo. Del mismo modo, esperar lo imposible significa, para el cristiano, situarse cada día en la posición de Abraham, es decir, en la posición del ignorante que no quiere saber, pues su saber ya ha sido redimido por la fe. Así que el mundo, tal como se le presenta, por incomprensible y hasta absurdo que le parezca, no puede sino señalar, desde esta misma absurdidad, que apela a una perfección que, por serle inaccesible e imposible, es la única cosa que puede esperar de él. El mundo no es perfecto ni lo será nunca, *y por eso lo es desde toda la eternidad:* esa era la conclusión a la que, según Kierkegaard, debía llegar todo individuo que reflexionara sobre la fe en términos que no fuesen los del filisteo o los del burlón. Lo imposible es la única posibilidad de la fe; todo lo demás, que incluye los pequeños acuerdos con el estado de las cosas que los creyentes organizan, no es más que degradación respecto a la exigencia de la esperanza.

§ 12

Breve *excursus* matemático

Al defender hasta el final la doctrina de la esperanza, Kierkegaard se oponía frontalmente a otra tendencia que pretendía inscribir esta categoría en el ámbito de lo mensurable, de lo cuantificable, es decir, de lo posible reducido a lo probable.[1] Ya en 1657, Christiaan Huygens había propuesto una interpretación muy reducida de lo que había que entender por «esperanza»[2] en la breve obra *De ratiociniis in ludo aleae,* que puso los cimientos de la ciencia moderna de las probabilidades. Al estudiar el azar como factor esencial de la mayoría de los juegos, en especial

1. Sobre esta distinción, me permito remitir a Laurent de Sutter, *Elogio del peligro,* trad. de Luis Alfonso Paláu Castaño, Barcelona, Herder, 2024.
2. Christiaan Huygens, *Du calcul dans les jeux de hasard,* en *Œuvres complètes,* t. XIV, *Calcul des probabilités. Travaux de mathématique pure.* 1655-1666, D. J. Korteweg, ed., La Haya, Martinus Nijhoff, 1920, pp. 4 ss.

de los juegos de dados (el nombre latino de *dado* es *alea)*, Huygens propuso un modelo de cálculo de las posibles tiradas basado en lo que denominaba el «valor de la esperanza». En las matemáticas modernas, esta categoría, convertida luego en la «esperanza de X», todavía sirve para calificar la media ponderada de los valores que puede tomar una determinada variable en función de las probabilidades de aparición de cada una de ellas. Dicho de otro modo, la noción de esperanza es el objetivo de todo trabajo de cálculo de probabilidades, a la vez que su límite: es lo que permite deducir de una situación aleatoria las posibilidades de que el azar en cuestión se incline en una u otra dirección. No obstante, puesto que permite determinar la amplitud de los valores que puede adoptar un determinado azar, también señala que existen unos casos en los que la determinación de esos valores es imposible, porque el azar es tan amplio que no puede dar lugar a la esperanza. De manera que, a partir de Huygens, la esperanza, lejos de tener como objeto lo imposible, se define en función de un régimen muy determinado de lo posible: aquel en el que se aplican las reglas del cálculo de lo probable, aquel en el que el orden de las cosas puede ser solucionado. Si para Kierkegaard la esperanza designaba el exceso irreductible de la fe en relación con lo que es, para los matemáticos adopta el rostro de una purificación extrema de lo que es admitido en el rango de lo que es, en nombre de los intereses del cálculo. La «esperanza de X» es la esperanza de una incógnita cuyo parametraje es tan estrecho que excluye de su definición toda probabilidad de que siga siéndolo; es la afirmación del carácter *más o menos* cognoscible de lo desconocido, en vez del carácter totalmente incognoscible de lo conocido mismo. Si en el ámbito de la fe calcular sus posibilidades no tiene ningún sentido, porque las probabilidades del creyente exceden de cualquier cálculo, en el de las matemáticas *solo* existe probabilidad calculable.

§ 13

Adiós a Dios

Si bien la tradición inaugurada por Huygens condujo al desarrollo de una ciencia que posee ya un
estatus ubicuo, eso no significa que la postura defendida por Kierkegaard desapareciera, sino todo
lo contrario. A lo largo del siglo xx, los partidarios
de lo que podríamos llamar *esperanza fuerte* profundizaron en su intuición y dieron a lo imposible un
reconocimiento filosófico cada vez mayor. En una
conferencia de 1945 reproducida en *La libertad, para
qué?*, Georges Bernanos, basándose en la distinción
teológica entre espera y esperanza, convertía a esta
última en una especie de paso al límite, una vez que
el teatro del mundo ha recuperado el lugar que le
corresponde como triste farsa.[1]

1. Georges Bernanos, *La libertad, ¿para qué?*, trad. de Mercedes
Gómez, Madrid, Encuentro, 1992.

La esperanza es una determinación heroica del alma [...]. Se cree que es fácil esperar. Pero solo esperan los que han tenido el valor de desesperar de las ilusiones y de las mentiras en las que encontraban una seguridad que erróneamente tomaban por esperanza.[2]

Para Bernanos, esperar significaba ir más allá de la esperanza alimentada por quienes no tienen suficiente fuerza para percibir cómo las posibilidades de esperanza así ofrecidas no son más que derivaciones que alejan de la esperanza verdadera. No solo el mundo no es perfecto —insistía Bernanos—, sino que es incluso odioso, en el sentido de que en él se multiplican las «ilusiones» y las «mentiras» y se despliega, tentadora, la voluntad de una «seguridad», que es lo contrario del salto absoluto en la fe. Es precisamente por su imperfección imposible que el mundo puede esperar la imposibilidad de su percepción, o, mejor dicho, que quienes se confían a la fe pueden dar testimonio de una esperanza sin espera, como hizo el propio Abraham. *No hay nada que esperar, salvo la esperanza:* la esperanza es la experiencia de la desesperación absoluta, de la desilusión absoluta, es decir, de la apertura de las percepciones a la magnitud de la imperfección del mundo y, por tanto, a la llamada al conocimiento

2. *Ibid.*

imposible de su perfección. Jacques Ellul, unos veinte años más tarde, en *L'espérance oubliée,* profundizaba aún más en esta constatación; a su juicio, la edad de la «técnica» que vive el mundo no dice otra cosa que la ausencia de Dios, que Ellul llamaba «derelicción».[3] En adelante la esperanza solo puede existir sin respuesta, pero es al presentarse como tal que despliega la verdad de lo que es: en medio del silencio que resuena, revela que la promesa de Dios constituye ya su realización. La respuesta al silencio es la esperanza misma.

3. Jacques Ellul, *L'espérance oubliée,* París, Gallimard, 1972.

§ 14

Teología del todo

Al alejarse cada vez más de un estado de cosas juzgado mediocre en su imperfección, la teología de la esperanza ha valorado una relación con lo imposible cada vez más apofática, cada vez más vinculada a lo incognoscible, a lo imperceptible. En Kierkegaard, Bernanos o Ellul (son solo tres nombres en una historia muy rica), de lo que se trata en la esperanza es del absoluto desconectado de todo movimiento mundano, empezando por el de la propia esperanza. La *manera* en que se manifiesta la esperanza se asemeja a una forma de caída, a un obstáculo en el camino de la esperanza pura, es decir, enteramente abierta a la imposible perfección por la que la imperfección del mundo será redimida un día. Dado que se inscribe en el horizonte incognoscible de una imposibilidad, la propia esperanza se vuelve en realidad imposible, pero la confrontación con este imposible es lo que constituye la misión del verdadero creyente, una misión sin más contenido ni objetivo que su persecución. No es de extrañar, por tanto, que la cima teológica de la doctrina de la esperanza fuera alcanzada en una interpretación muy singular de la teoría de la utopía, que Ernst Bloch había convertido en la clave de bóveda del inmenso edificio político-ético que era *El principio esperanza*.[1] Esta interpretación se debía a Jürgen Moltmann, cuya *Théologie de l'espérance,* publicada en 1964, pretendía ser también una respuesta a las inquietudes surgidas por la entrada de Occidente en la esfera de la «técnica», cuyo ejemplo paradigmático lo constituían las industrias de la muerte de la Segunda Guerra Mundial.[2] Si bien Moltmann no pintaba un panorama de su época tan negro como el de Bernanos o, más tarde, el de Ellul, sí enumeraba las resistencias con las que la esperanza tenía que enfrentarse para poder ser llamada así. Si podía hablarse de esperanza, era, a su juicio, porque el mundo en el que se desplegaba era un mundo que permitía todo tipo de desesperación y también, por tanto, y lo que es más grave, todo tipo de inacción. Para Moltmann, la esperanza era una categoría que debía volver a ser primera en la vida de los creyentes, no en importancia, sino en intensidad; según

1. Ernst Bloch, *El principio esperanza,* 3 vols., trad. de Felipe González Vicén, Madrid, Aguilar, 1977.

2. Jürgen Moltmann, *Teología de la esperanza,* trad. de Antonio Sánchez Pascual, Salamanca, Sígueme, 2006.

explicaba, debía integrarse en la totalidad de las dimensiones de la vida. *Todo es esperanza,* incluso lo más desdeñable, lo más siniestro, lo más indignante o lo más insignificante, porque todo señala, por su misma carencia, la perfección que fue prometida y que forzosamente ha de venir.

§ 15

Dos veces imposible

Puesto que deseaba que la esperanza estuviera en todas partes, Moltmann subrayaba hasta qué punto no estaba en ninguna parte, hasta qué punto el hecho de que constituyera el medio de la actividad humana atestiguaba que esta, en todas sus formas, debía anularse ante la llamada que encarnaba. Era tal vez la marca más fuerte de la herencia intelectual que Moltmann había recibido de Bloch: considerar que el medio de lo que es, la ecología del mundo, está enteramente ordenado por algo más, el no-lugar. El carácter *utópico* de la esperanza descrita por el teólogo refrendaba la verdad de toda espera: que no hay más espera que la de algo que todavía no ha tenido lugar, desde un lugar que realmente no tiene lugar, porque su perfección reside en lo que viene. La utopía escatológica de la esperanza era, pues, una utopía doble: la de la imposible perfección del mundo que hay que esperar y la de su imperfección imposible, que hace que no sea realmente un mundo, que, como mundo, todavía no ha tenido lugar. Sin embargo, como Kierkegaard para lo imposible, Bloch consideraba que no había nada más grande ni más urgente que reconciliarse con el no-lugar de la utopía, ya que solo con esta condición algo como una ética de la esperanza podía llegar a ser formulable. La utopía es lo que no tiene ni tendrá lugar, y que por el hecho de carecer totalmente de lugar inscribe las actividades humanas en un horizonte de sentido orientado hacia un después que sea mejor, en vez de contentarse con un presente mediocre. Al traducir este argumento al ámbito de la teología, Moltmann solo tuvo que introducir la categoría de «promesa» para que lo que podía parecer una fantasía se transformase en un punto cardinal de la fe, porque, *allí donde la esperanza no tiene lugar, sí tiene lugar*. La esperanza es el sin-lugar de lo que tiene lugar, el lugar utópico que aleja cada gesto y cada palabra de la imperfección fundamental que es la suya, para instalarlos en el movimiento de una promesa que por adelantado los hace perfectos por su imperfección. Si Bernanos o Ellul veían el mundo como una red de ilusiones o de mentiras (si llegara el caso, fomentadas por la «técnica»), Moltmann lo consideraba la condición misma de la esperanza, precisamente debido a su carácter ilusorio o mentiroso. De modo que, en contra de lo que pretendía Pablo, ya no hay razón para esperar que el mundo sea destruido, puesto que corresponde a la propia espera destruirlo en el movimiento de la esperanza que la recorre y la orienta.

§ 16

Nunca nada tendrá lugar sino el no-lugar

El mundo jamás ha tenido lugar; lo único que ha tenido lugar es su redención en la promesa imposible de su perfección, es decir, en la denegación de que algún día pueda tener lugar de otro modo que como no-lugar, como utopía. *Nunca nada tendrá lugar sino el no-lugar:* esta era la lección, antimallarmeana, de la teología de la esperanza, una lección cuyas ramificaciones, en la organización de la existencia humana, no iban a tener límites. Si, como decía Moltmann, la esperanza es el medio en el que se despliegan las actividades de los creyentes, eso significa que estas solo tienen sentido en función de la esperanza, es decir, en función de la asunción de la esperanza que en ellas se realiza. *La esperanza es el principio ecológico de la existencia en la fe,* del mismo modo que para Bloch debía constituir el principio ético de la existencia en el mundo, contemplado desde el punto de vista del destino colectivo, de la política de grupos. En otras palabras: en la fe no hay más vida que la organizada por la esperanza, la estructurada de principio a fin por la tensión de satisfacer las exigencias de la promesa de que la perfección del mundo estará asegurada por su destrucción al final de los tiempos. Desde el momento en que ya no consiste únicamente en un destino, sino que forma un medio, la esperanza ya no es algo que hay que manejar desde fuera, sino algo que maneja a los que en él residen, o que, en todo caso, determina sus conductas. Donde antes la vida era inquieta, errática, fragmentaria, ahora la esperanza lo ordena todo: disipa la inquietud en la certeza de la promesa, orienta cada actividad hacia su cumplimiento y dirige a los seres hacia el lugar de su realización. Puesto que constituye el principio de toda vida en la fe, la esperanza ni siquiera es lo contrario de la espera, puesto que también corresponde a la espera, a pesar de su carácter ilusorio, ocupar un lugar en el medio que organiza. Con Moltmann, la utopía de la esperanza se convertía en la utopía de todo, puesto que todo solo puede tener lugar a condición de no tener lugar, en la espera de lo que está por venir y que, al no tener lugar tampoco, completará su perfección. Dicho de otro modo: la esperanza es el principio de la *nihilización* de todo; es el principio de la vigilancia de lo que es, bajo los auspicios de una nada más esencial, más amplia, más perfecta que cualquier otra cosa.

§ 17

Duda y tiempo

La historia de la teología acabó, por tanto, haciendo de la esperanza una certeza; gracias a la hiperbolización de la promesa divina, lo que era un mundo de ilusiones y de mentiras se convirtió en la prueba de que había *otra cosa*. Sin embargo, Spinoza ya había planteado en su Ética una tesis sobre la «Esperanza» (que escribía con mayúsculas), según la cual «la esperanza no es nada más que una *alegría inconstante nacida de la imagen de una cosa futura o pretérita, de cuyo suceso dudamos*».[1] Esta tesis podía entenderse como una refutación, por adelantado, de la idea de que es posible establecer una certeza sobre algo que no sea contemporáneo con quien espera, pues la existencia misma del tiempo suscita la duda. Puesto que hay pasado y futuro, lo

1. Baruch Spinoza, *Ética demostrada según el orden geométrico*, prop. XVIII, esc. II, trad. de Óscar Cohan, México, FCE, 1977, p. 119.

que es está marcado por una inquietud fundamental, vinculada al hecho de que todo puede cambiar, sin que sea posible predecir en qué y cómo se producirá ese cambio. Así que la esperanza no es solo una cuestión de lugar; es también una cuestión de temporalidad, de instalarse en una lógica del tiempo que sustrae a la experiencia y, por tanto, al conocimiento, todo lo que ha ocurrido y todo lo que ocurrirá. Ahora bien, puesto que hay duda y, por tanto, desconocimiento (cosa que los teólogos de la esperanza también reconocen), es imposible establecer algo así como una certeza respecto a aquello de lo que se duda o que no se conoce. Ni que decir tiene que es precisamente esa duda lo que los teólogos han querido borrar aplastando la totalidad del tiempo en un no-tener-lugar fundamental, pero el hecho es que, incluso si ya se ha cumplido, una promesa sigue siendo una promesa. Es decir, una promesa es un *anticipo;* es una apuesta más o menos segura sobre un hecho futuro que, porque es futuro, también es condicional; es la instalación de lo que se ha prometido en un espacio donde el no cumplimiento de la promesa sigue siendo una posibilidad. *No hay promesa sin posibilidad de traición,* incluso cuando esa promesa ha sido formulada por Dios, de modo que el cumplimiento de la promesa, en la medida en que difiere de ella, marca una brecha entre ambas que ninguna certeza puede llenar. Mientras haya promesa hay duda, de modo que la esperanza, muy lejos de constituir una certeza incondicional, marca la generalización de esa duda allí donde se supone que debía desplegarse, a saber, según Moltmann, *absolutamente en todas partes*.

§ 18

Esperar, solo esperar

Algo podría suceder: dado que la esperanza descansa sobre el hecho de que nada tiene lugar sino el no-lugar, la certeza que pretende fundar en realidad no es más que la inquietud ante la posibilidad de que verdaderamente algo pueda tener lugar. Es preciso que todo lo que tiene lugar no sea nada para que la esperanza pueda considerarse ya como testimonio del cumplimiento de la promesa divina, porque esta promesa está basada enteramente en la posibilidad de lo imposible. Puesto que lo imposible está siempre por venir y, *por lo tanto, no puede tener lugar,* su posibilidad, en la medida en que nunca se realizará como tal, sino como su anulación, implica que la promesa que da origen a la esperanza es también promesa de que nada ocurrirá, o de que solo ocurrirá nada. La esperanza es la espera de nada, *pero algo podría tener lugar,* puesto que nada tiene lugar, pero se aguarda o se espera; de modo que la esperanza se da, por encima de todo, como el principio de la anulación del tiempo, ya que es de la posibilidad del tiempo que nace la posibilidad de tener lugar. En *L'attente, l'oubli,* publicado en 1962, cuando causaban furor los debates sobre la teología de la esperanza, Maurice Blanchot ofreció unas magníficas formulaciones de esta paradoja:

> Esperar, estar atento a lo que convierte la espera en un acto neutro, envuelto en sí mismo, ceñido en círculos de los cuales coinciden el más interior y el más exterior, atención discreta en espera y girada hacia lo inesperado. Espera, espera que es la negación de esperar nada, calma extendida desplegada por los pasos.[1]

O:

> Esperar, solamente esperar. La espera ajena, igual en todos sus momentos, como el espacio en todos sus puntos, similar al espacio, ejerciendo la misma presión continua sin ejercerla.[2]

Blanchot lo subrayaba: para que haya espera, en el sentido más puro del término, como pretendían los

1. Maurice Blanchot, *L'attente, l'oubli,* París, Gallimard, 1962, p. 16 [vers. cast.: *La espera, el olvido,* trad. de Isidro Herrera, Madrid, Arena Libros, 2004].
2. *Ibid.,* p. 24.

teólogos de la esperanza, el tiempo tiene que inclinarse hacia el espacio, y que lo que era relativo al futuro y a lo condicional se convierta en relativo a la pura geometría del lugar. La espera, en cuanto espera de nada, «rechazo a esperar nada», se asemeja al espacio «en todos sus puntos»; es lo que se define como se definen los puntos del espacio, cada uno por separado, pero todos considerados conjuntamente, ya que el espacio no es más que su suma. Para que nada suceda, es preciso que todo haya tenido lugar, o más bien que todo sea lugar, que todo sea espacio, del mismo modo que la esperanza, para Moltmann, se daba como un medio.

§ 19

Ecología de la atención

Más que la espera de que algo tenga lugar, la esperanza es el medio de la atención a que solo tenga lugar el no-lugar; es la que exige que cada uno esté atento al no-lugar de lo que podría tener lugar, conjuntamente y para cada uno. Pues, como había intuido Blanchot, esta es la forma que adopta el vigilante de la esperanza: la de un *deber de atención,* de una intensificación de la espera de tal suerte que, al alimentar las percepciones, alimente también las acciones. Esperar es estar atento; es dirigir la atención hacia lo que podría someterse a ella, es decir, producirse; es definir una relación con el lugar que sea una relación de ocupación no pasiva, sino activa. La esperanza es, por tanto, el principio de una «ecología de la atención»,[1] cuyo objetivo es hacer

1. La expresión, convertida ya en un clásico, es de Yves Citton, *Pour une écologie de l'attention,* París, Seuil, 2014.

más expectantes a quienes en ella se mueven, negando a la vez a ese extra de intensidad cualquier posibilidad de conducir a un resultado, porque no puede tener lugar. *Esperar es estar atento a nada,* pues no hay nada en la espera que no responda ya al cumplimiento de la promesa a la que esta espera debe hacer aún *más* atento a quien le presta atención; dicho con otras palabras, esperar es estar más atento a nada más. En la esperanza hay un *exceso* de atención respecto a lo que se espera, puesto que lo que se espera no es más que la espera misma, ya que la promesa de perfección del mundo hecha por Dios ya ha sido cumplida. No hay nada que esperar, pero hay que esperar con intensidad, so pena de salir del espacio de la promesa y volver a caer en el de la imperfección, que ignoraría que ha sido redimida, un espacio que solo está limitado por una única condición de acceso: la fe. Quien tiene fe espera; quien tiene fe aguarda; quien tiene fe presta atención, es decir, participa en la ecología de la esperanza que alimenta el conocimiento imposible de la perfección, aunque su promesa ya ha sido cumplida en la imperfección de lo que es. Esto no significa que lo que es *sea* perfecto; esto significa que lo que es, en cuanto imperfecto, es salvado de su imperfección por la llegada de una perfección que, como nunca tendrá lugar (porque *ya* ha tenido lugar), será siempre imposible. Esta es la teología de la esperanza: la teoría de una imposibilidad que corresponde a cada uno esperar sabiendo perfectamente que esta espera, literalmente, no tiene sentido, ya que no tiene, en su sustancia, más objeto que ella misma.

§ 20

El informe de la minoría

Estar atento consiste en esperar que nada ocurra: más allá del discurso de los teólogos, toda la civilización occidental se ha desarrollado en un espacio de la atención que, por no tener objeto, pretende ser aún más restrictivo. Como categoría de vigilancia, la espera (y la atención) se presenta como una exigencia que satura la totalidad de los aspectos de la existencia de quienes se someten a ella, de manera que satisfacer sus requisitos permite impedir que algo suceda. En su traducción política, la espera se ha ido transformando en una especie de postura inquieta especialmente incómoda porque su objeto está destinado a desaparecer, de lo contrario se habrá demostrado que no hemos estado *suficientemente* atentos. La exigencia de atención es una exigencia de exceso que, si no se satisface, adopta la apariencia de un defecto, como si fuera inconcebible esperar lo justo, estar atento en la medida justa, cuyo acierto dependería de la adecuación a su efecto. Esperamos demasiado o no lo suficiente; nunca esperamos de acuerdo con lo que es, sin duda porque de ser así esta espera sería testimonio de un saber cuya perfección acusaría el hecho mismo de esperar, lo volvería completamente absurdo. Si lo que esperamos sucede exactamente como lo esperamos, esto significa que no era exactamente una espera, sino más bien una forma de proyección profética hacia el futuro, que anularía su carácter incondicional en favor de su determinación absoluta. En el caso de la activación policial de la atención, la situación es aún más clara: podríamos conocer el futuro como los *«precogs»* que Philip K. Dick convirtió en los protagonistas de uno de sus relatos, «El informe de la minoría», publicado en 1956.[1] Ahora bien, como este es a la vez futuro y condicional (propiamente el futuro *simple* no existe), esto significa que la atención bastaría para disipar lo que, en lo que es, no es, en el sentido de que podría no ser, o ser de otro modo, esto significa en otras palabras poder desplegar un conocimiento independiente del tiempo. Sin embargo, *es lo que pretende precisamente la teología de la esperanza:* definir un régimen de atención que considere el tiempo como un espacio, aunque el conocimiento que se

---

1. Philip K. Dick, «El informe de la minoría», en *Cuentos completos IV,* trad. de Eduardo G. Murillo, Barcelona, Minotauro, 2020.

refiere a él adopte la forma de un imposible, es decir, de un incognoscible. Para quien espera, todo lo
que tenía que saber ya es sabido, de modo que el
tiempo se reduce a la espera como tal, sin que esta
pueda cambiar nada.

§ 21

Siempre más

Existe, sin embargo, un vínculo entre la categoría de la esperanza y la del demasiado o demasiado poco; ese vínculo es la importancia que en
la teología cristiana se ha reconocido a la idea de
exceso, de superabundancia, la manera en que se
considera que la balanza del mundo está siempre
desequilibrada. Al reclamar que la espera se presente como una forma de intensificación de la
atención, teólogos como Moltmann podían pos-
tular que esta siempre estaba en consonancia con
el estado del mundo, *porque es el mundo el que es
excesivo*. O, mejor dicho, el exceso de la promesa
sobre lo que es, de la perfección del mundo sobre
su imperfección y, por tanto, del mundo sobre sí
mismo, es lo que constituye el objeto de atención
como una espera mayor, más fuerte, más intensa. Así
que estar demasiado atento, si realmente el objetivo
es asegurarse de que no ocurra nada, resulta ser

la justa medida para un mundo que en sí mismo está en exceso de su propia nada, de manera que el conocimiento justo sobre él es también un conocimiento del exceso. La consecuencia que hay que sacar es la siguiente: *no hay una gestión correcta de la atención,* en el sentido de que su corrección depende precisamente de su carácter excesivo; no existe la buena atención, no existe la espera equilibrada; solo hay espera *desmesurada.* Sin embargo, si toda espera es desmesurada, también hay que comprender que la vigilancia en cuestión también es desmesurada, pues la exigencia incluida en la promesa de perfección del mundo requiere, por hipótesis, un exceso de espera. La esperanza es una *híper*-espera, una espera llevada al máximo posible, según una lógica de la tensión que sostiene la totalidad de la existencia de los individuos para quienes se trata de la única forma de actitud imaginable ante Dios. De manera que es también una híper-guardiana, porque no se limita a vigilar que los comportamientos y las acciones sean conformes a la ley, sino que pretende penetrar hasta lo más íntimo de la conciencia del que tiene fe. Si la esperanza es la guardiana del defecto que constituye la imperfección, como pretendía Platón de la espera, también lo es del exceso que se manifiesta en la espera de la perfección; a decir verdad, es la guardiana de todo, salvo de lo que es en cuanto es. *Esperar es esperar que todo vuelva al orden,* dado que

el orden es lo que difiere para siempre y de antemano del mundo tal como se nos presenta; esperar
es esperar el orden de la espera, en el sentido de lo
que nunca sucederá.

§ 22

Retrato del hombre de fe como extralúcido

Sería interesante preguntarse hasta qué punto la teología de la esperanza ha impregnado el pensamiento occidental, más allá de las banalidades de la escatología o del mesianismo, de ese «tiempo que queda» del que hablaba Giorgio Agamben en su lectura de Pablo.[1] Puesto que la cuestión de la esperanza cristiana se inscribe en la posibilidad de la negación del tiempo, la escatología, lejos de adoptar los rasgos de una empresa mesiánica, se presenta más bien como su refutación absoluta. La teología cristiana, a partir de Pablo, es una teología que aspira a un tipo de comprensión del mundo superior a aquella en la que se basan todas las formas de mesianismo, puesto que estas consideran que, si hay promesa, solo podrá cumplirse en el futuro. Dado

1. Giorgio Agamben, *El tiempo que resta. Comentario a la carta a los romanos,* trad. de Antonio Piñero, Madrid, Trotta, 2006.

que se basa en un conocimiento de la promesa que la define como la posibilidad presente de lo imposible, la esperanza cristiana pretende ser lúcida en relación con el exceso que implica esta definición, pretende ser *extra-lúcida*. Es decir, que *ya* sabe qué esperar, pese a que es propio de la estructura normal de la espera no saber, o al menos no saber más que como incertidumbre, ansiedad o duda. Dicho de otro modo: en la esperanza cristiana, las expectativas se satisfacen de antemano, de modo que siempre hay razón para esperar, puesto que la espera es el movimiento mismo de confirmación de lo que se espera. Tal vez es concebible, pues, pensar que esta manera de considerar que *lo que no está ahí, sin embargo, ya está ahí* como la forma de saber que, al menos en las civilizaciones donde el cristianismo ha arraigado de forma duradera, cualquier espera presupone. De ser así, esto significaría que, por una cruel paradoja, el hombre de fe sería el que encarnaría mejor al no–incauto, el individuo al que no engañan la mentira y la ilusión porque dispone de un acceso más seguro, más directo, a la verdad que estas pretenden ocultar. Puesto que el creyente sabe bien lo que es la espera y le dedica toda su atención, ya no tiene necesidad de esperar en el sentido temporal del término; dado que todo lo que tenía que esperar está ya ahí, lo único que cuenta es el conocimiento de que es posible tenerlo. Ahora bien, ese conocimiento es precisamente el que define al hombre de fe: uno no difiere del otro, al contrario, la fe solo se presenta como un conocimiento, aunque se trata de un conocimiento que se caracteriza por su imposibilidad, por su incapacidad de conocer lo que hay que conocer.

§ 23

Mi padre, ese símbolo

A principios de los años cincuenta del pasado siglo, mientras se interesaba por una serie de casos célebres estudiados por Sigmund Freud, Lacan creó un concepto nuevo, que revolucionó el mundo del psicoanálisis al cuestionar la función del complejo de Edipo. Ese concepto era el del «Nombre del Padre», formulado primero en un seminario y luego en una conferencia dedicados a una interpretación de la figura del «hombre de las ratas», antes de ser retomado en el seminario *Las Psicosis,* a propósito del presidente Schreber.[1] Al analizar

1. Cf. Jacques Lacan, *El mito individual del neurótico o Poesía y verdad en la neurosis,* Buenos Aires, Paidós, 2009; Jacques Lacan, *El Seminario. Libro III. Las Psicosis,* Buenos Aires, Paidós, 2009. Para comentarios, véase Jean-Claude Maleval, *La forclusión del nombre del padre. El concepto y su clínica,* trad. de Alfonso Díez, Buenos Aires, Paidós, 2003; Erik Porge, *Los nombres del padre en Jacques Lacan,* Buenos Aires, Nueva Visión, 1998.

esos casos, todos los cuales daban testimonio de una dificultad respecto al lugar del padre en el ordenamiento psíquico que esos sujetos se habían hecho de su familia, Lacan había observado una especie de regularidad: que el padre, precisamente, no estaba en su lugar. Este lugar, sugirió Lacan, se constituye por la intersección del registro de lo real, de lo imaginario y de lo simbólico, es decir, del padre como ser de carne y hueso, de la representación ideal que de él nos hacemos, y de su existencia como hecho estructural constitutivo de la familia. En aquellas personas en las que ese anudamiento se disuelve o incluso adopta un giro contradictorio o paradójico, como en el caso del hombre de las ratas o del presidente Schreber, puede surgir algo semejante a un trastorno mental, que en los casos más graves puede desembocar en la psicosis. ¿Cómo se disuelve este anudamiento? La respuesta, explicaba Lacan, depende ante todo de lo que domina, sabiendo que, pase lo que pase, el padre nunca es *totalmente* padre: «en una estructura social como la nuestra, el padre es siempre, en algún aspecto, un padre discordante en relación a su función».[2] Sin embargo, que no sea siempre totalmente padre no significa que no pueda desempeñar el papel de padre, o constituir el blanco

2. Cf. Jacques Lacan, *El mito individual del neurótico o Poesía y verdad en la neurosis, op. cit.*, p. 56.

de proyecciones que, por tener que negociar con su real, preservan la posibilidad de anudar sus tres dimensiones. Cuando las imposibilidades se manifiestan con demasiada fuerza todo se rompe: cuando el padre, como decía Lacan, ya no es más que un «nombre-del-padre», una simple palabra vacía, una denominación formal sin ninguna relación con el padre real. La reducción del padre al «nombre-del-padre» marca el momento en que solo sobrevive la estructura simbólica, aplastante e ineludible, sin que quede ningún ser humano para habitarla, ni ninguna forma de idealización imaginaria posible. Dicho de otro modo, el «nombre-del-padre» es la marca de la *forclusión* del padre en su nombre, de su tachadura en favor exclusivo de su lugar, ya vacío, en la estructura.

§ 24

Cómo se forcluye a Dios

En el caso del presidente Schreber, esta forclusión presentaba no obstante un rasgo específico: la forclusión del padre en su nombre adoptaba la forma de su sustitución por otra figura que ocupaba su lugar sin necesidad de encarnarse, es decir, Dios mismo. En cierto modo, la principal lección de la *psicosis paranoica* de Schreber, convencido de que había de convertirse en el amante de Dios, es que el «nombre-del-padre» puede traducirse, es más, *debe* traducirse por «en el nombre-de-Dios». Puesto que el hecho que caracteriza su *presencia* es precisamente su ausencia, Dios constituye la figura simbólica por excelencia, es decir, una figura que solo existe como un nombre al que invocar, que ocupa una plaza que no tiene correspondencia real. El «nombre-del-padre» es el «nombre-de-Dios» en la medida en que Dios no existe, pero que, aun no existiendo, no deja de impregnar todos los gestos de quienes se apegan a él *como* si existiera; de manera que Dios, como nombre, es el operador de la forclusión del «nombre-del-padre». Ahora bien, como recordaba Lacan, la angustia que impregnaba los escritos de Schreber se debía ante todo a la posibilidad de que Dios pudiera «dejarlo plantado» (*«liegen lassen»*), abandonarlo, es decir, *defraudar la esperanza depositada en él*.[1] El peligro que conlleva la invocación del «nombre-de-Dios» es el peligro de la decepción de la esperanza que esta invocación puede suscitar o, más bien, que esta invocación encarna, en un acto de lenguaje que es más una *performance* que una simple pregunta. En el caso de Schreber, esta inquietud se manifestaba afirmando sufrir persecuciones acompañadas de dolores diversos, pero es imaginable que pueda adoptar otras formas, en función de la manera en que se presenta la decepción. Por ejemplo, cabe imaginar que la angustia de la decepción adopte la forma obsesiva de una sobreinversión en gestos que sugieren que no se producirá, que la esperanza permanecerá intacta o, por el contrario, la forma histérica de un desafío o de una conminación. En cualquier caso, lo que la insistencia en el «nombre-de-Dios» permite percibir es hasta qué punto la esperanza de que está investido existe porque algo, en alguna parte, ha fracasado, y *esta decepción puede reproducirse*. De ma-

---

1. Jacques Lacan, *El Seminario, op. cit.*, p. 183.

nera que, más que cualquier otra cosa, la forclusión del «nombre-del-padre» en el «nombre-de-Dios» es, ante todo, forclusión de la posibilidad de la decepción que implica, en principio, cualquier esperanza.

§ 25

Sí o no

No es este el lugar del psicoanálisis donde sole-
mos esperar la decepción; por otra parte, el propio Lacan no dijo ni una palabra al respecto o, más
bien, no utilizó el concepto como tal, es decir, en
el sentido que Freud le había dado. En 1915, en
un breve artículo titulado «La aflicción y la melancolía», dedicado a reunir en un único lugar el
estado de sus ideas sobre la melancolía, Freud con-
cedió efectivamente una dignidad técnica a la idea
de decepción, pero en relación con la de objeto.[1]
Para Freud, la decepción («*Enttäuschung*») era el
afecto inaugural de la trayectoria que conduce a la
melancolía, entendida como una forma de adaptarse

1. Sigmund Freud, *La aflicción y la melancolía,* en *Obras com-
pletas,* trad. de Luis López Ballesteros, Madrid, Biblioteca Nueva,
1967, t. I, pp. 1075 ss. Sobre este texto, véanse los comentarios de
Marie-Claude Lambotte, «Quelle déception et quel objet pour le
mélancolique?», *Les Lettres de la SPF 35* (2016), pp. 175 ss.

a las consecuencias de una negación de objeto que habría sido entendida como una negación de amor. Habiendo experimentado el rechazo o la pérdida, el sujeto melancólico, explicaba el psicoanalista, es el que desvía sobre sí mismo los reproches que no consigue dirigir a un objeto de amor, que es el que los habría suscitado. De modo que, ante esta negativa, ante este rechazo, el melancólico opta por desviar hacia otra cosa, que a menudo adopta el aspecto de *objetos,* precisamente, lo que no ha podido obtener de aquel a quien había otorgado su amor, dejándolo vacío, sin deseo, como desactivado en su condición de sujeto. Aunque en esta descripción Freud evocaba la decepción, nada decía, sin embargo, de la espera que a ella había conducido, contentándose con dar por sentado que había sucedido algo que en el sujeto se había traducido en un sentimiento más o menos consciente de fracaso. Era evidente, sin embargo, que el guion que ponía en escena implicaba a la vez un objeto de amor y la decepción que este provocaba, una forma de esperanza, formulada como una pregunta, era el factor original. Dicho de otro modo, la esperanza es la condición necesaria de la decepción y, por tanto, la condición necesaria de la melancolía, en la medida en que esta última constituye una negociación dolorosa con un objeto que se da por perdido. La esperanza, dicho también con otras palabras, es *la organización de la pérdida del objeto,* porque en la esperanza ya está la inquietud por la posibilidad de que el amor sea correspondido; cualquier petición incluye la posibilidad de un «no». Es decir, que cabe que la petición no sea satisfecha, aunque en realidad nunca se dirigiría una petición a un objeto si la respuesta que postula no fuera siempre un «sí», ya que el «no» es lo que el acto de pedir excluye por principio.

§ 26

Es muy buena

Aunque Freud limitaba el uso del concepto de «decepción» a la clínica de la melancolía, era posible trasponer su uso a otros campos, por ejemplo, al de la teoría de los «nombres del padre» propuesta por Lacan. Más que del «nombre del padre» habría que escribir tal vez «no del padre», puesto que en psicoanálisis corresponde a la función del padre decir el «no» que prueba que su papel es real y no solo simbólico. Forcluir al padre en su nombre equivale, por tanto, a forcluirlo en un «no» que acaba ocupando el lugar de la vida y que impide, como para el melancólico de Freud, poder vislumbrar en ella cualquier posibilidad positiva de goce. Sin duda es por esto por lo que Lacan, casi veinte años después de su seminario sobre las psicosis, decidió dar un nuevo giro al concepto de «nombre del padre», recurriendo a un juego de palabras para escribirlo como «non-dupes errent» (los no incautos erran).[1] Al realizar esta operación, lo que pretendía era subrayar hasta qué punto la forclusión del nombre del padre había de entenderse como una forma de sufrimiento, que se traduce en una «errancia» que dura lo que dura el apego al nombre. Cuando el padre ya no es más que ese nombre, ese «no» inscrito en el espacio simbólico de la estructura en cuyo interior el sujeto se ha hecho un sitio, entonces el saber que se puede extraer se convierte en un saber errante, el saber del que cree saber. El melancólico también ofrece un ejemplo notable: también él sabe (o cree saber) de buena fuente cuál es el origen de sus desgracias y, en cierto modo, hasta qué punto son merecidas, hasta qué punto, en definitiva, él es nulo. Sin embargo, ese conocimiento que pretende ser extremadamente lúcido es lo que aprisiona aún más al melancólico en sus síntomas, ya que precisamente se elimina lo que podría haberlo hecho oscuro, incompleto, vacilante, es decir, el padre real. Así que lo que queda es un puro «no» que establece la decepción en un principio que lleva a que la esperanza, por necesaria que sea, solo pueda estar condenada al fracaso, según una certeza tanto más segura porque es desesperada y, por tanto, lúcida. Ahora bien, lo que hace del melancólico un no

1. Jacques Lacan, *Le Séminaire. Livre XXI. Les non-dupes errent. 1973-1974,* inédito.

incauto, alguien que *sabe qué esperar* porque no hay nada que esperar, no es otra cosa que la decepción nacida del «no» que ha provocado el hundimiento de un edificio de amor, que deja tras de sí solo un campo de ruinas que ha ocupado el lugar del goce.

§ 27

La verdad siempre está en otro lugar

El no incauto es el que, al haber sido engañado, se engaña sobre su lucidez; es el que erra porque, convencido de que sabe muy bien cuál es la causa de su sufrimiento, no se da cuenta de que es esta clarividencia la que consolida su desgracia. Al sugerir que existe un vínculo entre forclusión del «nombre del padre» y forclusión de la decepción que conduce a que los «no incautos erran», Lacan proponía un nuevo retrato de la decepción, más complejo que el elaborado por Freud. Este retrato se basaba en la necesidad de integrarla en la lógica de la esperanza, de considerarla el reverso de aquello cuyo anverso era la esperanza, ya que su mezcla es todo lo que hay que saber del deseo de lucidez que obsesiona a los seres humanos. Igual que el cristiano ve en la esperanza nacida de la promesa divina el medio donde puede desplegarse la mirada extralúcida sobre lo que anima el movimiento del mundo, el sujeto lacaniano hace de la claridad y, por tanto, del saber que esta permite la clave del enigma de su deseo.[1] El hombre de fe y el melancólico son no incautos: ambos creen saber lo que disimulan las apariencias, creen conocer el corazón secreto del mundo, ya sea el principio luminoso de la promesa o el oscuro de la nulidad del sujeto. Esta última divergencia, sin embargo, debería llevarnos a distinguir los dos casos: ¿acaso no es el creyente, al contrario que el melancólico (o de su versión psicótica), el que *no puede* ser defraudado, puesto que la promesa a la que se apega ya está cumplida? Sin embargo, la respuesta es fácil: el que no pueda ser defraudado es la marca más segura de la forclusión del hecho de que esta decepción, como la propia promesa, también se ha producido, que el «no» ha resonado en la vida de aquel que no quiere oírlo. Incluso es más: a través de la forclusión de la decepción, la esperanza existe forcluyendo todo lo que es, rechazando que todo lo que es pueda no ser otra cosa que lo que es, que el mundo no sea el verdadero mundo, y así sucesivamente. *La verdad siempre está en otro lugar:* ese es el conocimiento que comparten el creyente y el melancólico, el hombre de la promesa cumplida y el de la nulidad del yo, un conocimiento que implica para cada uno com-

---

1. Sobre este punto, véase *La obra clara. Lacan, la ciencia, la filosofía,* trad. de Diana Rabinovich, Buenos Aires, Manantial, 1996.

portarse como si esta tesis fuera verdadera. Porque, como también saben, aunque lo nieguen, se trata de la principal ilusión con la que puede engañarse un proyecto de desilusión: la ilusión de que las ilusiones puedan, en efecto, disiparse.

§ 28

Otra sucia historia

En *La casa del pánico,* una película de terror dirigida por D. J. Caruso en 2016, la imposibilidad de
acabar con la decepción adquiría una forma literal:
el descubrimiento de una habitación secreta en el
centro de la vieja casa en la que una pareja acababa
de instalarse.[1] Disimulada detrás de un armario, la
habitación, cerrada con un cerrojo, habría podido
parecer un simple trastero si al entrar en ella la
mujer no hubiera empezado a tener unas terribles
pesadillas, en las que aparecía una niña torturada
por su padre. La mujer realiza unas pesquisas y se
entera de que era una antigua práctica en el estado de Carolina del Norte: todas las familias no-
bles tenían una «sala de las decepciones» donde

1. D. J. Caruso, *The Disappointments Room,* Demarest Films
–Media Talent Group–, Relativity Media, 2016. La película pretende basarse en hechos históricos, pero no están atestiguados
por ninguna fuente.

encerraban a los niños que no respondían a sus expectativas. La mujer, cuyo estado mental es cada vez más inestable a medida que las visiones se van multiplicando, había constatado que la niña torturada tenía un cuerpo deforme, casi monstruoso. Era la encarnación de la decepción de la que la habitación constituía el memorial involuntario, un memorial que *volvía* a la psique desestabilizada de los nuevos habitantes de la casa, que también habían perdido a su hija en un trágico accidente. Un día, la mujer al despertar vio que se había dormido sobre su bebé y le había causado la muerte por asfixia, en la misma fecha que la niña de la «sala de las decepciones». La moraleja de la historia que explicaba la película era muy clara: las decepciones que se intentan forcluir (o en el caso de la pareja, huir de ellas instalándose en una nueva casa) son las más dañinas. Permanecen literalmente en las paredes, hasta que acaban explotando en un espectáculo pirotécnico de locura y violencia, la que acaba ejerciendo la madre sobre su hijo superviviente al confundirlo con uno de los torturadores de la niña muerta. Todo eso no era más que una alucinación, pero su origen había que buscarlo en la imposibilidad de enfrentarse a lo que había sucedido, el trauma de un hecho más allá de toda decepción, y más aún porque no podía atribuírsele ninguna responsabilidad. Las visiones que atormentaban a la mujer eran el producto de su incapacidad de considerar la realidad de lo que la había destruido y de su deseo de saberlo todo acerca del enigma que se cernía sobre su nueva casa.

§ 29

Las ilusiones al rescate

Lacan lo había subrayado: cuando hay forclusión, más aún que en el caso de una simple represión, lo que vuelve, porque se le impide volver, lo destruye todo a su paso, como le ocurría a la protagonista de *La casa del pánico*. Si lo que se forcluye es el «nombre del padre», reducido a la pura y simple ilusión de su estatus simbólico, sin que la realidad pueda nunca frustrarlo, entonces lo que vuelve adopta forzosamente la forma de la desilusión, como fuente de toda desdicha. Sin duda es por esto por lo que los modernos, hijos a la vez del cristianismo y del psicoanálisis, son tan tristes: porque no son conscientes de hasta qué punto su lucidez los encierra en la desdicha de las ilusiones que creen haber disipado. Los modernos, en otras palabras, son grandes decepcionados que lo niegan, pero que siguen actuando como si, a pesar de todo, hubieran comprendido la magnitud de su decepción y hubieran hallado la mejor solución para superarla. Que esa superación adopte la forma de la esperanza cristiana o la forma de la nulidad del yo no cambia gran cosa la cuestión; en todos los casos, el horizonte de sentido que anima los espíritus sigue siendo el de la desilusión. De modo que sería muy grande la tentación de volver a la ilusión y de lanzar, como Giacomo Leopardi, un patético llamamiento a favor de nuestra reconciliación con ellas, en la medida en que nos permitirían vivir.[1] Pero ese llamamiento es precisamente el del melancólico: es el llamamiento a algo de cuya falsedad estamos convencidos, con la esperanza de ser escuchados por alguien que lo convertirá en verdadero, al igual que la promesa en la que se sustenta la esperanza. Solo se puede apelar a las ilusiones desde la desilusión, una desilusión tan profunda que únicamente cuenta con ella misma

---

1. Cf. Giacomo Leopardi, *Zibaldone,* trad. de Elena Martínez, Madrid, Gadir, 2017: «Estimo que las ilusiones son cosas en cierto modo reales porque son ingredientes esenciales del sistema de la naturaleza humana, y que la naturaleza proporciona a todos los hombres, de modo que no es correcto despreciarlas como si fueran sueños de uno solo, sino que son verdaderamente propias del hombre como tal y están determinadas por la naturaleza, y sin ellas nuestra vida sería la más miserable y bárbara de las cosas, etcétera. Así pues, son necesarias y constituyen un componente sustancial del conjunto y orden de las cosas». Sobre el papel que desempeñan las ilusiones en Leopardi, véase Antonio Negri, *Lent genêt. Essai sur l'ontologie de Giacomo Leopardi,* trad. de Nathalie Gailius y Giorgio Passerone, París, Kimé, 2006, pp. 271 ss.

para alimentar su apetito voraz, igual que lo hace la melancolía en quienes son incapaces de amarse. Ahora bien, precisamente en esto consiste la ilusión fundamental de los desilusionados: que la desilusión que hasta entonces les ocultaba la verdad de lo que es (promesa divina o nulidad de todo) les permita acceder a una dimensión que pueda escapar a ella. No existe otro significado para la palabra *forclusión:* es el proceso por el cual se construye la valoración de la lucidez, hasta el punto donde esta llega a captar la defensa racional de las ilusiones cuyo rechazo le había dado origen; es la declaración de amor que se le dirige.

§ 30

Nuevos fragmentos de un discurso amoroso

En las sesiones de su seminario dedicado a la preparación de sus *Fragmentos de un discurso amoroso,* Roland Barthes destinó mucho tiempo a intentar elaborar los vínculos que existen entre amor, espera y desesperación.[1] En el pasaje del libro titulado precisamente «Espera», describía al enamorado como el individuo que organiza de manera meticulosa la «obra de teatro» de la espera, sabiendo que «el ser (que él) espera no es real», y obteniendo de ello el goce del «encantamiento».[2] Pues esperar, aun-

1. Roland Barthes, *Le discours amoureux. Séminaire à l'École Pratique des Hautes Études. 1974-1976, suivi de Fragments d'un discours amoureux: inédits,* Claude Coste ed., París, Seuil, 2007 [vers. cast.: *El discurso amoroso. Seminario en la École Pratique des Hautes Études 1974-1976. Seguido de Fragmentos de un discurso amoroso (Textos inéditos),* trad. de Alicia Martorell Linares, Barcelona, Paidós, 2021].

2. Roland Barthes, *Fragments d'un discours amoureux,* en *Œuvres complètes,* t. V, 1977-1980, ed. Éric Marty, 2ª ed., París, Seuil, 2002,

que sea fuente de la mayor angustia, es también, y por eso mismo, un deleite casi inconfesable, ya que admitirlo significaría que lo que espero posee una importancia secundaria en relación con el hecho de esperarlo (algo que ningún enamorado puede reconocer). Según Barthes, era la misma ambivalencia que gobernaba la desesperación, que había tratado en sus lecciones, pero que abandonó al escribir el libro, como si fuera una especie de sombra proyectada sobre todo lo que en él evocaba. Citando unas palabras de Mlle. de Lespinasse en una carta al conde Guibert, «Os amo como hay que amar, a la desesperada», Barthes explicaba que «la Desesperación de amor siempre está justificada [...]. La Desesperación está en la propia ley del Amor».[3] Para Barthes, desesperar no solo era una manera de reaccionar a un amor decepcionante (porque carece de respuesta adecuada), sino un modo de preservar, incluso de aumentar el «Poder» de la persona desesperada, porque, explicaba, «[p]ara el sujeto enamorado, la Desesperación es la Verdad».[4] Por tanto, en el amor, el desesperado es el que, como maestro de la «Verdad», se ve a sí mismo como el «dueño del mundo», alimenta su poder con la verdad fundamental de su situación

pp. 67-69 [vers. cast.: *Fragmentos de un discurso amoroso,* trad. de Eduardo Molina, Madrid, Siglo XXI, 1993].

3. Roland Barthes, *Le Discours amoureux, op. cit.*, p. 582.

4. *Ibid.*, p. 583.

que, al traducirse en una espera, se convierte en goce de lo «Imaginario».[5] Dueño de la Verdad, el enamorado es también dueño de su contrario, es decir, que construye su poder sobre el dominio de todos los parámetros de lo que es, salvo el simbólico (la lengua, en el vocabulario de Barthes), sobre el que no tiene ningún control. Ese simbólico, en el caso del enamorado, no era el «Padre» o dios, sino «el otro», del que Barthes decía que, a los ojos del que espera, es el que «nunca espera»; y, añadía, hacer esperar no es otra cosa que la «prerrogativa constante del poder».[6] Estar enamorado es, por tanto, utilizar el poder desesperado de esperar contra el poder ciego de hacer esperar.

5. *Ibid.*, p. 582.
6. *Id.*, *Fragments d'un discours amoureux, op. cit.*, p. 70.

§ 31

El reino del otro

Carecer de esperanza, pero esperar igualmente: la postura que Barthes atribuía al enamorado era singularmente idéntica a la que la teología de la esperanza atribuía al creyente, porque la esperanza es lo que se distingue de cualquier espera. En ambos casos, se trata de erigir la espera en petición de amor destinada a no tener más respuesta que su propio desarrollo, del que, además, si se opera en el espacio de la «Ley», esa petición obtiene un poder adicional. Barthes podía ver en ello una subversión del poder; sin embargo, en cuanto inscrita en la ley, la espera tiene por objetivo aumentar el poder del que espera, de manera que pueda hacer triunfar sobre el poder algo que lo sobrepasaría. Ahora bien, este exceso, ese demasiado, una vez más, no es otra cosa que el reino del «otro» (Padre, Dios, Amor...), en la medida en que proporciona una justificación a todo lo que es, ya que nada de lo que no es, de otro modo, la posee: un reino reducido, sin embargo, al puro símbolo, pues, así como Dios importa poco al hombre de fe o el Padre real al melancólico, el objeto de su amor es indiferente al enamorado, con tal de que pueda esperarlo, es decir, con tal de que sea el único que decida lo que es el «otro». De modo que no es casual que Barthes utilizara esa palabra, omitiendo simplemente la mayúscula con la que Lacan solía escribir el sintagma que en él designaba precisamente todas las instancias que ocupaban el lugar de tercero en el nivel de lo simbólico. También Barthes apelaba a la forclusión de la realidad de lo que es esperado; insistía incluso en el hecho de que esta forclusión era todo lo que debía quedar del amor, una vez que había triunfado la desesperación, en un gesto típicamente melancólico. Que Barthes lo fuera en su vida, como han señalado todos los testigos y como él mismo reconocía, puede servir para explicar esa elección, pero se trata de una explicación que pasaría por alto el hecho de que ella también debería ser explicada. En realidad, la reflexión de Barthes sobre el amor era la vertiente laica y posromántica de la teología de la esperanza heredada del paulinismo medieval y del psicoanálisis de la melancolía, que había tenido en Lacan su analista más riguroso. El éxito que tuvo en aquella época solo indica hasta qué punto esta conjunción resonaba con naturalidad en el lector cultivado, que había aprendido a considerar el amor como algo grande solo si era oscuro y desilusionado y, por tanto, lúcido.

§ 32

Disappointment y *deception*

La insistencia en el vocabulario de la desilusión y de la decepción habría debido advertir, sin embargo, de la posibilidad de otra conjunción, que el inglés hace más explícita: la que vincula *disappointment* y *deception*. Ambas palabras, que se traducen como *decepción*, destacan por separado los distintos sentidos que transmiten: el de la sensación subjetiva de una pérdida, por un lado, y el del engaño, de la manipulación, por el otro.[1] Estar decepcionado no es estar desilusionado, es todo lo contrario: es ser objeto de maniobras destinadas a sustituir una realidad por una ficción, a tomar churras por merinas, a hacer pasar por amor lo que solo es interés. Dicho de otra manera: solo nos decepciona lo que no ha sucedido, puesto que lo

1. Cf. Ian Craib, *The Importance of Disappointment*, Londres, Routledge, 1994.

que no ha sucedido es lo que se esperaba y, por tanto, lo que constituía la causa de la decepción: *no nos decepciona lo que se produce, sino lo que no se produce.* Esta es la razón por la que la esperanza es tan poderosa: puesto que todo lo que es no es, a sus ojos, realmente, la cuestión de saber si algo podría no producirse queda regulada desde el principio por el vacío, puesto que no hay *nada* que se suponga que se produce realmente, salvo el todo de la promesa. En otras palabras: se supone que nada se produce realmente, *salvo lo que se ha producido,* y que es la realización de que todo lo que es, para no ser realmente, se salva de esta condición por el cumplimiento adelantado de la promesa. De manera que la esperanza prohíbe la decepción, en el sentido más fuerte del término: hace que sea inconcebible la mera posibilidad, en beneficio de la realización absoluta, ilimitada, de lo imposible y de lo incognoscible del todo, como salvando siempre lo que es de la inexistencia que constituye su destino. Todas las maniobras más o menos siniestras de los enemigos de la promesa (digamos: el Demonio) están destinadas a fracasar frente a la evidencia irrefutable del hecho de que la promesa ha tenido lugar, y que, al haber tenido lugar, se ha cumplido, aunque medir este cumplimiento está más allá del alcance de los simples creyentes. Lo mismo ocurre con el enamorado o con el melancólico, cuya forclusión del otro tiene el efecto de hacer imposible la decepción, al menos mientras lo real no irrumpa en el espacio cerrado donde el sujeto se ha refugiado, la pequeña fortaleza donde, como decía Barthes, este puede seguir soñando con su poder.

§ 33

Contra la seducción

La esperanza es, pues, la forclusión de la decepción; es el camino que han elegido todos aquellos para quienes la realidad constituye un insulto a la posibilidad de que una forma de perfección (en este caso, la perfección del amor) pueda ser observada en el mundo. Por medio de la esperanza, se trata de apartar la mirada del hecho de que lo que es, debido a su imperfección, denuncia la hipótesis misma de la perfección, que esto pueda obligar a escapar del régimen de lo totalmente imposible en el que se basa la idea de promesa. Es decir, se trata de considerar que lo que es, en la medida en que realmente no es, no pueda cuestionar que pueda ser realmente, que pueda existir el ser, y que este ser pueda pretender informar la totalidad de lo que es, una vez redimida su imperfección. En este sentido la decepción encarna una amenaza contra la que conviene protegerse por todos los medios posibles, ya sean los guardianes de la ciudad (como en Platón), los guardianes de la vida (como en Moltmann) o los guardianes del amor (como en Barthes). Porque, si bien *decepción* significa tanto el engaño como la herida que este inflige, también significa haberse dejado atrapar, desviar, *de-capere,* apartar del que era el camino recto, haberse dejado *seducir* por lo que es más que por el ser mismo.[1] La forclusión de la decepción en un amor que solo considera al otro como símbolo dentro de una estructura sometida al poder de quien lo espera es, en realidad, la forclusión de la seducción, como fuerza que transforma toda espera en otra cosa. ¿Cuál sería esta otra cosa? La respuesta sin duda sería esta: el *progreso*. Si la decepción, para el que busca protegerse, se materializa en forma de un peligro o de un riesgo que emana del futuro, la seducción, entendida como su forma positiva, adopta más bien el rostro de un desplazamiento, de una puesta en marcha, de un enfrentamiento con lo que el futuro puede ofrecernos. Visto a través de la lente de la seducción, lo que viene no representa ya tanto una amenaza como una coyuntura, una oportunidad o una ocasión, la ocasión de experimentar algo más que el simple goce narcisista de la expectativa omnipotente. El círculo de la espera o de la esperanza es lo que la

---

1. «Décevoir», *Dictionnaire historique de la langue française,* t. I, A/E, dir. Alain Rey, París, Le Robert, 1998, p. 1006.

seducción rompe y, con él, el movimiento de iden-
tificación por el que el sujeto intenta protegerse de
todo encuentro que no esté parametrizado por una
promesa, ya sea la de la perfección o la de lo que
Barthes llamaba «dominio del mundo».

§ 34

«Des-» como distancia

Cuando Baudrillard publicó *De la séduction,* en 1979, comenzó su obra con una declaración de principios:

> Un destino indeleble recae sobre la seducción. Para la religión fue una estrategia del diablo, ya fuese bruja o amante. La seducción es siempre la del mal. O la del mundo. Es el *artificio* del mundo. Esta maldición ha permanecido a través de la moral y la filosofía.[1]

Para Baudrillard, la seducción era aquello contra lo que la religión, la moral y la filosofía nunca habían dejado de intentar protegerse, especialmente en el ámbito del amor y de la magia, porque esta seducción decía algo inadmisible sobre el mundo.

1. Jean Baudrillard, *De la seducción,* trad de Elena Benarroch, Madrid, Cátedra, 1981, p. 10.

Ese algo inadmisible, subrayaba, no era más que el hecho de que el mundo es «artificio», es decir, que no hay nada en él que no deba considerarse evidente, natural, propio; no hay nada en él que no se limite a la definición de su ser. La seducción es la afirmación de que el mundo es el resultado de un proceso que lo saca continuamente de sus casillas, que lo desenmarca en relación con las esperanzas depositadas en él, y no una simple presencia pasiva sobre la que sería posible proyectar todas las promesas, todos los sueños de dominio. El mundo, para Baudrillard, *es aquello que resiste;* de modo que también es aquello que obliga a inventar, frente a esta resistencia, nuevas estrategias para desviarla o suavizarla, para paliar las sorpresas que constantemente depara al que intenta enfrentarse a él. Forcluir la seducción, por el contrario, equivale a intentar forcluir también esta artificialidad del mundo, esta posibilidad de que el mundo *responda,* como el enamorado intentaba en Barthes forcluir la posibilidad de que aquel a quien espera pueda participar en esta espera. Que el mundo pueda responder es la amenaza por excelencia de la que la esperanza trata de defender a quienes intenta proteger, que pueda, como decía Baudrillard, «destruir el orden de Dios, aun cuando este fuese el de la producción o del deseo»,[2] es el mal que hay que erradicar. La

2. *Ibid.*, p. 11.

«magia negra de la desviación» que encarna la seducción es el peligro de la desapropiación que constituye la operación misma de la decepción, el peligro de la separación, del «des-» que marca la distancia de la que una cosa puede dar testimonio con respecto a sí misma.[3] En la seducción, es decir, en la decepción, ya nada se sostiene del todo, especialmente aquello que actúa como si no lo hiciera; todo empieza a moverse, a difuminarse, a perturbar la lectura unívoca de los signos sobre la que reposa la esperanza de saber.

3. *Ibid.* Sobre esta cuestión me permito remitir también a Laurent de Sutter, *Jack Sparrow. Manifeste pour une lingüistique pirate*, Bruselas, Les Impressions Nouvelles, 2019.

§ 35

¿Qué hacer?

Tal vez esta es la razón por la que Deleuze, al responder a Cressole, le lanzó a la cara, como si de un desafío se tratara, que «decepcionar es un placer». Más que una simple ocurrencia, más que una indirecta agresiva, la provocación del apotegma residía en que obligaba a poner de nuevo en movimiento lo que el equilibrio de la esperanza y de la decepción, heredado de siglos de filosofía y de religión, había inmovilizado. Anunciar que la decepción podía ser un placer era volver a la dimensión de seducción ligada a la ruina de toda esperanza y sustituirla por la posibilidad de una orientación, estrategia que Deleuze oponía a la de la proyección. Esto equivalía a decir que saber qué esperar, como les gusta a los lúcidos presumir de saberlo, en realidad es no saber nada de nada, porque para que haya conocimiento, en el sentido más fuerte posible del término, tiene que haber abismo, duda, descubrimiento, inquietud.

Tiene que haber exploración para que algo como un acontecimiento pueda provocar la situación e introducir en ella el suplemento de una información nueva, de una idea inédita, de una perspectiva nunca antes adoptada. De modo que la decepción es lo que se incluye en el modo en que se despliega el espacio de un viaje posible al interior de lo que es, no para domesticarlo bajo la égida de un todo que a la vez está por venir y está ya ahí, sino de una pregunta a la imperfección de lo que es. Esta pregunta es la siguiente: ¿qué hacer? ¿Qué hacer *con* lo que hay? ¿Qué futuro fabricar con él, en vez de imaginar que nos llevaría necesariamente a encontrarnos con amenazas que no estaríamos seguros de poder afrontar sin derrumbarnos? Al decir que «decepcionar es un placer», Deleuze quería señalar cómo ese placer no era el de la frustración del deseo ajeno, de la ofensa infligida al pretencioso que utilizaría las proyecciones de su esperanza para ejercer el dominio sobre el otro, sino el placer de salir de ese embrollo. Decepcionar, en otras palabras, es lo que permite devolver toda cosa al afuera que acecha, y hace imposible su perfección (en el sentido del cierre sobre sí misma), su importancia en el movimiento de la imperfección como tal. *Pues es la imperfección presente la que hace avanzar;* es ella la que no cesa de decepcionar las esperanzas futuras en favor de la realidad de lo que hay; es ella la que constituye el motor de la orientación por la que se supera como tal.

§ 36

Ni dónde, ni cuándo, ni cómo

Decepcionar es volver a poner el mundo en movimiento: mientras que la esperanza se basa en la posibilidad de un mundo cerrado, capaz de una enumeración exhaustiva de lo que hace posible (incluido lo imposible de su perfección), la decepción conduce a su reapertura. Esta reapertura, sin embargo, no es como el angelismo; al contrario, aprender a explorar las grietas del mundo implica una forma de pérdida o de abandono, de cesión frente a las malas sorpresas que el mundo reserva, *y que se producirán.* Ocurre simplemente que nadie sabe dónde, ni cuándo, ni de qué manera, ni en qué forma, pero podrá ser en cualquier lugar, en cualquier momento, de cualquier modo y en cualquier forma, y no cabe imaginar más conocimiento que este. *Cualquier cosa puede suceder:* ese es el *lema* de la decepción, puesto que «cualquier cosa» se opone a una cosa determinada, incluso a la determinación de cualquier cosa, a su definición, a su inscripción en unos límites que se podrían fijar de antemano.[1] Mientras que la esperanza consiste en enrarecer lo posible hasta el punto en que este se deja resumir en lo imposible de la perfección, la decepción implica apertura a lo ilimitado del repertorio de lo que *puede* ser, un repertorio que se caracteriza ante todo por su desorden. No hay orden posible en lo posible, salvo como mera posibilidad, mera ocurrencia, acontecimiento que se produciría en el caos de las cosas, como las obras maestras en la biblioteca de Babel de Borges. De ahí que la decepción sea ante todo y sobre todo decepción de la regulación: la decepción es lo que marca de antemano todos los intentos de regular algo como un orden de lo que es o un orden del mundo, puesto que regular siempre implica excluir. *Nada puede excluirse:* por esto existe la decepción, y también por esto su perspectiva resulta a algunos tan insoportable y, en cambio, tan placentera a otros. Para unos, es la manifestación subjetiva del peligro; para otros, su epifanía. Si Deleuze podía escribir que «decepcionar es un placer», era porque se alineaba sin duda alguna con los segundos, mientras que Cressole, con su fijación narcisista por el gran hombre sobre el que quería

1. Sobre el «cualquier cosa», véase Tristan García, *Forme et objet. Un traité des choses,* París, Puf, 2011, pp. 27 ss. Véase también Laurent de Sutter, *Qu'est-ce que la pop'philosophie?*, *op. cit.,* pp. 75, ss [vers. cast.: *¿Qué es la pop-filosofía?, op. cit.*].

triunfar, formaba parte de los primeros. Frente a la regulación de la esperanza, Deleuze promovía una clínica de la decepción, que devuelve al caos su dignidad productiva.[2]

2. Sobre la cuestión del caos, véase Laurent de Sutter, *Hors-la-loi. Théorie de l'anarchie juridique,* París, Les Liens qui Libèrent, 2020.

§ 37

And the winner is...

La primera consecuencia que había que deducir
de la afirmación de que «decepcionar [sea] un
placer» era, pues, que, si la esperanza se concibe
como una forma de adiestramiento de los cuerpos a través de la espera, lo mismo ocurre con su
opuesto, o sea, la desesperación. Contrariamente a
lo que cabría imaginar, la desesperación no es lo
contrario de la espera, su antídoto o su antónimo,
sino su sinónimo total, puesto que, como recordaba Barthes, la desesperación siempre está enteramente del lado de la «Ley». Para los que aspiran
a los puestos más altos del podio de la lucidez,
es en esta «Ley» donde fracasan todas las actividades humanas, porque no hay ninguna que no
esté marcada por la imperfección, como decían los
teólogos. A esta teología pertenece, por ejemplo,
el pasaje tantas veces citado de Schopenhauer en
El mundo como voluntad y representación, en el que

dice que no hay más deseo que el defraudado en el momento mismo de su realización, de modo que todo deseo es una ilusión desesperada.[1] Lo mismo ocurre con las innumerables referencias de Cioran a la idea de que la vida no es más que un catálogo de caídas y desgracias a las que, además, no podemos adaptarnos: la lucidez de la que pretenden dar testimonio es la lucidez del piadoso.[2] En ambos casos, la afirmación de que todo solo es todo en cuanto no es nada es totalmente simétrica de la afirmación que pretende que el mundo solo tiene interés en la medida en que un día (por tanto, *ya*) será aniquilado en la imposible perfección del cumplimiento de la promesa divina. Más que una escuela de lucidez, como les gusta recalcar a los desilusionados de todo tipo, la desesperación es una forma de adiestramiento basado en el establecimiento, como trascendental de todo, de que lo imposible es la norma de la existencia. En el voca-

---

1. Arthur Schopenhauer, *El mundo como voluntad y como representación,* trad. de Pilar López de Santa María, Madrid, Trotta, 2022.

2. Véase, por ejemplo, Emil Cioran, *Sur les cimes du désespoir,* en *Œuvres,* París, Gallimard, 1995, pp. 15 ss [vers. cast.: *En las cimas de la desesperación,* trad. de Rafael Panizo, Barcelona, Tusquets, 2020]. Sin embargo, cabe preguntarse cuál es la mejor manera de leer las declaraciones de Cioran, ya que su «valor de verdad» se desvanece a menudo bajo su «valor de efecto», de comicidad irresistible. Sobre este punto, véase Clément Rosset, «Le commandant du comique et son actif second», en Laurence Tacou y Vincent Piednoir (eds.), *L'Herne Cioran,* París, L'Herne, 2009, pp. 372 ss.

bulario de la filosofía occidental existe una palabra técnica que se utiliza muy a menudo para designar este imposible: la palabra *finitud,* una palabra proferida muchas veces con un temblor de voz y una mirada muy reveladora. La *finitud* es el tótem de quienes *saben qué esperar* y que, como saben qué esperar, no dejan de repetir a los demás las grandes lecciones de lo ineludible, es decir, de la desesperación como postura de conocimiento.[3] Sin embargo, también en este caso se trata tan solo de una de las numerosas manifestaciones de la esperanza o, dicho de otro modo, de la negación activa de todo a favor de la afirmación de su dominio.

---

3. Sobre este punto, véanse las decisivas reflexiones de Alain Badiou, *L'immanence des vérités. L'être et l'événement 3,* París, Fayard, 2018. Véase también Quentin Meillassoux, *Après la finitude. Essai sur la nécessité de la contingence,* París, Seuil, 2006.

§ 38

La aventura es la aventura

Sin embargo, no hay nada que dominar; hay, a lo sumo, que acompañar, encontrar, explorar, descubrir: en definitiva, todo el vocabulario, a veces simplón, de lo que es una *aventura,* es decir, la forma evenemencial del avance en el caos del tiempo. Contrariamente a lo que sostenía Giorgio Agamben, la aventura no es «un verdadero término ontológico que nombra el ser en cuanto que sucede», sino un término deontológico, un concepto que expresa la seducción en la que se pierde el ser cuando acepta abandonarse a la decepción.[1] Pues no hay aventura sin decepción, ya sea por su finalización, por su realización, por su fracaso, por su suspensión, por su sustitución por otra cosa, *en la medida en que se trata cada vez de aventuras nuevas,* y no de insatisfacciones

1. Giorgio Agamben, *La aventura,* trad. de Mercedes Ruvituso, Buenos Aires, Adriana Hidalgo, 2018, p. 57.

atrofiadas. La aventura no es una parusía, la realización ontológica de la promesa del ser, sino su estallido por caminos que lo fracturan con grandes golpes de posibilidades, es decir, retomando otro concepto famoso, esta vez de Deleuze: de devenir.[2] Es por la parte del devenir que se sitúa la aventura, no por la parte del ser; de modo que la decepción, puesto que se dirige al ser, constituye el medio por el que este se despoja de su poder de encierro, de limitación y, por tanto, de regulación, a favor de la asunción de lo que viene. El placer de la decepción que evocaba Deleuze es, pues, el placer de ver al ser moverse, de observar sus metamorfosis, de asistir al resquebrajamiento de la coraza que sus defensores han construido a su alrededor para evitar que huya y, por tanto, se anule como ser. Esta es la decepción fundamental: *no hay ser,* no hay ser ni como tesoro que hay que proteger, ni como principio que hay que aplicar, ni como arma que hay que blandir contra quien no se someta a la grandeza de su reinado, ni siquiera como ilusión necesaria. Solo existe el movimiento decepcionante, por modesto

2. Sobre este concepto, véanse los comentarios de François Zourabichvili, *El vocabulario de Deleuze,* trad. de Víctor Goldstein, Buenos Aires, Atuel, 2007, pp. 44 ss. Véanse también las reflexiones fundamentales de Isabelle Stengers, *Penser avec Whitehead. Une libre et sauvage création de concepts,* París, Seuil, 2002, pp. 529 ss [vers. cast.: *Pensar con Whitehead. Una creación de conceptos libre y salvaje,* trad. de Andrés Abril, Buenos Aires, Cactus, 2020].

e inestable, de la vida, de lo que es, de lo que sucede y de lo que viene, de la especie de aspiración por la que el devenir se halla atrapado, como si fuera un arco de tensión. Y en ese devenir no hay nada que no pueda dar lugar a la aventura, por irrisorio, insignificante o desagradable que sea; no hay ni siquiera el deseo de regulación que no pueda dar lugar a algo inaudito capaz de alimentar el devenir como tal. ¿Por qué no? Solo que a veces donde la posibilidad de la sorpresa se sostiene de forma absoluta resulta que esta es desagradable, incluso *muy* desagradable.

§ 39

Negatividad del placer

Sin embargo, decepcionar es un *placer,* pero ¿en qué
sentido? Deleuze era parco en elogios sobre la noción de placer y prefería la noción de «deseo» que
había elaborado conjuntamente con Felix Guattari,
dejando que su amigo Michel Foucault explorara
el campo de los «placeres» en plural.[1] En una carta
enviada a este último a propósito de su libro *La
volonté de savoir,* precisaba incluso: «No puedo dar al
placer ningún valor positivo, porque me parece que
el placer interrumpe el proceso inmanente del deseo; creo que el placer está del lado de los estratos
y de la organización».[2] Quería decir con esto que
mientras el deseo constituye el proceso del devenir
de toda cosa, en cuanto orientación de las dispo-
siciones por las que un sujeto está constituido, el

1. Cf. Gilles Deleuze, *Deseo y placer,* trad. de Javier Sáez, *Ar-
chipiélago. Cuadernos de Crítica de la Cultura* 23 (1995), pp. 11 ss
2. *Ibid.,* p. 13.

placer pone fin temporalmente a su movimiento. Desde este punto de vista, paradójicamente, el placer sería una forma de norma o de normativa de lo que, sin él, se desplegaría siguiendo su propia ley, que es la ley anárquica de la ausencia de ley; sería el recuerdo de la existencia de una voluntad de orden en el interior de los flujos del devenir. Es indudablemente cierto. Sin embargo, el placer que Deleuze consideraba en su respuesta a Cressole era de un tipo muy especial: dado que se trataba de la decepción, era efectivamente una forma de interrupción, pero que, para inscribir lo que es en el registro del fracaso, impulsaba aún mejor el devenir. Decepcionar es un placer porque permite «a un sujeto o a una persona *encontrarse* en un proceso que la trasciende», es decir, anotar en un mapa el punto de ser que hay que hacer colapsar para restituirlo a las fuerzas del devenir.[3] Así pues, si hay un aspecto de orden en el placer de la decepción, ese aspecto es la astucia estratégica, el truco del prestidigitador o la finta del maestro de kung-fu, que utiliza el orden contra sí mismo, que, al afirmar el orden, le impone una tensión que lo hace colapsar. De manera que el placer de la decepción es el placer de la tensión por la que un orden se deshace desde el lugar de la afirmación de su mayor certeza, o sea, en el caso de Cressole, la arrogancia de aquel a quien no se la

3. *Ibid.*

juegan. La decepción está en el orden de las cosas, pero como manera de hacer mentir al orden de las cosas, de conducirlo a la negación de sí mismo, de devolverlo a la ruina que la forclusión sobre la que estaba construido había dibujado de antemano. Es un placer malvado y refinado, un placer de traidor, pero que queda redimido porque siempre es tan solo una segunda traición.

§ 40

Así que, ¿decepcionada?

Cressole había querido clavar un cuchillo en la espalda de Deleuze, pero lo cierto es que había acabado apuñalándose a sí mismo, sin saber cómo había podido ocurrir. Es lo que les ocurre generalmente a los listillos, a los que saben qué esperar. A decir verdad, Deleuze no había tenido necesidad de reaccionar de forma directa, de enfadarse, de clamar contra la injusticia; le había bastado una simple frase, cuya aparente inocencia ocultaba el hecho de que activaba más de dos mil años de pensamiento. Heredero de la lógica de la lucidez y de la filosofía de la finitud, Cressole creía haber visto en el fondo de las cosas, haber vislumbrado el principio que regía el ser mismo de Deleuze, como si este no fuese más que un títere en las manos de alguien más fuerte que él. Deleuze no tuvo que decir más que una palabra para que el edificio sobre el que descansaba la presunción de su crítico se tambaleara sobre sus cimientos y se derrumbara sin hacer ruido, ya que nunca había sido otra cosa que un palacio de humo, un soñar despierto, nacido de la ausencia de generosidad. El crítico es el que desea a toda costa poseer los medios para tener razón, sin darse cuenta de que son precisamente esos medios los que lo hacen errar en aquello en lo que creía tener razón, porque el objeto, el blanco, siempre es más listo, siempre más flexible, siempre más débil, siempre más *decepcionante*. Así pues, lo mínimo que podía hacer Deleuze era decepcionar a Cressole; al fin y al cabo, este último no había hecho más que divertirse solo, como el enamorado cuyo retrato había propuesto Barthes; su objetivo, para su elaboración, no había contado para nada. No era más que un simple pretexto para alardear de lo que Cressole consideraba su talento o su inteligencia, en todo caso la clarividencia con la que miraba a su alrededor, que no le dejaba más opción que confirmar su poder. El encuentro entre el joven filósofo y la vieja estrella no tuvo lugar, porque el primero no había considerado la decepción como el lugar posible de su pensamiento, y en cambio estaba implícita en todas las palabras y en todos los escritos del segundo. Porque el pensamiento tiene que ser decepcionante, los libros tienen que ser decepcionantes, las ideas tienen que ser decepcionantes, para que pueda suceder algo que luego sea transmitido, es decir, inventar a su vez una nueva orientación.

El que sabe o cree saber debe cerrar el libro que acaba de terminar sintiendo a su alrededor el zumbido de una inmensa frustración. Entonces, tal vez, suceda algo.

Nota

Esta obra constituye el tercer volumen de la serie *Propositions,* iniciada con *Pour en finir avec soi-même* (2021) y *Elogio del peligro* (2024), y que continuará según la voluntad del autor. También es el tercer volumen de una trilogía de ensayos dedicados al pensamiento de Deleuze, de los que el primero era *Deleuze, la pratique du droit* (2009) y el segundo, *¿Qué es la pop-filosofía?* (2020). A esas dos obras hay que añadir *Johnsons & Shits* (2020), que se pregunta por los fundamentos de la teoría deleuziana del control devolviéndola a los límites fijados por su inspirador, William S. Burroughs. Con el presente libro, creo que he terminado de decir lo que tenía que decir sobre la obra de Deleuze, o sea, que he terminado de hacer de ella algo distinto al amable monumento que la Universidad está en proceso de erigirle. Nada hay más urgente que decepcionar a los deleuzianos que pululan a su alrededor como cotorras; me atrevo a *esperar* que en cierto modo lo he conseguido, y que he devuelto algo de vida a una obra que cada vez se parece más a la intocable estatua de un comendador. Los lectores que estén interesados podrán reconstruir el puzle del retrato de Deleuze que propongo atando los cabos abandonados en los distintos libros antes mencionados.